ドイツ語

冠詞・格変化の強化書

練習問題

930

SANSHUSHA

はじめに

ドイツ語の初級文法を学んでいる多くの方から、文法規則が多すぎる、複雑すぎる、覚えられない、といった感想をよくいただきます。中でも、冠詞と格変化は、動詞（助動詞、過去形も！）の人称変化と並んで、ドイツ語学習者を冒頭から苦しめる「鬼門」の一つとして恐れられています。英語の the に当たるものが 16 種類（男性・女性・中性・複数× 4 格）ある！と知ったときの、あの驚きと絶望。定冠詞に不定冠詞、所有冠詞など、次々と登場する冠詞類の数々。しかも、こんなに複雑でありながら、実際の運用面では、多少間違っていても意味は通じることが多く、逆に冠詞や格を正確に表現しようと強調して発音すると、母語話者にかえって不自然に響くことすらある、苦労の割に報われない事柄でもあります。それならば、もっと単語（動詞や名詞）を覚えよう、会話フレーズを身につけよう、と学習者が考えるのも仕方ないことで、こうした事情を反映してか、ドイツ語参考書の多くは、総合的な文法書か、文法の仕組みを解説した読み物、単語帳、会話フレーズ集、もしくは検定対策問題集などが多く、冠詞と格変化を重点的に取り上げた書籍はあまり見当たりません。

冠詞も格変化も、実際にドイツ語圏に生活して使いこなす中で自然と身につけていくのが理想的ですが、誰もがドイツ語圏に長期滞在できるわけではないと思います。そこで、日本にいながら冠詞と格変化に触れられるような参考書、それも**解いて解いて解きまくることができる問題集**を作ってはどうか、と考えたところから本書は生まれました。

執筆に当たっては、**基礎から応用に無理なく進める**よう、問題のレベル分けをするとともに、中・上級者向けの内容（不定代名詞の einer や welcher、冠飾句を作る問題など）も取り入れました。例文の作成に当たっては、新型コロナウイルス感染症の流行後に用いられるようになった単語も取り入れ、ドイツ語圏の最新の社会事情にも触れられるように配慮しました。また、**日常会話で多用される表現も取り入れました**ので、ぜひ問題を解いた後は、完成した文を**音読して、表現力アップ**を図っていただきたいと思います。

辻　朋季

本書の構成について

本書は二部構成の全30課から成り立っており、どの課にも練習問題を豊富に取り入れています。各課（第30課を除く）の最初のページでは、基本的な文法事項の解説を行い、続いてレベル1～3の3段階（一部の課ではレベル1～2の2段階）からなる練習問題に取り組みます。

第1部「冠詞・格変化をマスターする」は25課まであり、冠詞と格変化に関する主要な内容を扱っています。**カバーに記されている問題数「930問」は、この第1部における問題数の合計**です。

第2部は「応用・総合問題」で、無冠詞も含めた冠詞のおさらい、単数形と複数形の別と冠詞の違い、冠飾句・受動態などの発展的な内容を扱っています。文の書き換えや作文など、難易度の高い問題も盛り込まれています（**著者本人も解答に苦労した問題もあります**）。第30課は総合問題で、本書で学んだ冠詞と格変化について、復習を通して定着を図ります。この**第2部に223問**ありますので、**本書全体の問題数の合計は「1153問」**です。

なるべく多くの練習問題を解くことに重点を置いた本ですので、各課の文法事項の説明は必要最小限にとどめています。それぞれの内容を詳しく知りたい方は、別途文法書・参考書等で確認するようにしてください。また紙面の都合で、一部の問題では解答欄の括弧が実際の解答に比べ狭くなっており、書き切れないこともあると思います。そのため、**解答用に1冊ノートを用意する**などして、本書にではなくノートに答えを書いていくとよいと思います（あとで繰り返し解くのにも役立ちます）。

本書の執筆に当たっては、練習問題の各文のチェックを、マルクス・グラスミュックさんにしていただきました。そのお陰で、練習のための問題文（「これはペンですか？」など）ではなく、ドイツ語として自然で、かつ実用的・実践的な表現を多く取り入れることができました。この場をお借りして感謝申し上げます。

目次

第1部

冠詞・格変化をマスターする！

目次

第2部 応用・総合問題

第1部

冠詞・格変化をマスターする！

第1課

定冠詞と格変化

定冠詞は、話題になっている事柄、すでに言及された事柄、話者同士が了解している事柄、一つしか存在しない事物など、ある特定の事や物を示すときに名詞の前に置かれるもので、英語のtheに相当します。日本語が「が」「に」「を」などの助詞（格助詞）を用いて文中の名詞の役割（格）を表すのに対し、ドイツ語では冠詞を変化させることで格を表現します。

ドイツ語の名詞には男性名詞・女性名詞・中性名詞があり、単数形ではそれぞれの性に応じて変化し、複数形では名詞の性に関係なく同じ変化をします。格は1格（主格：～が）・2格（属格：～の）・3格（与格：～に）・4格（対格：～を）の4つがあります。定冠詞は、名詞の性と数（単数か複数か）、文中での格に応じて、以下の表のように変化します。

	男性名詞	女性名詞	中性名詞	複数形
1格	der	die	das	die
2格	des	der	des	der
3格	dem	der	dem	den
4格	den	die	das	die

男性4格

Kennst du **den Film** „Prinzessin Mononoke“ ?

男性1格

ーJa, sicher, **der Film** ist auch in Deutschland bekannt.

君は『もののけ姫』って**映画を**知ってる？

ーうん、もちろん、**その映画は**ドイツでも有名だよ。

中性1格　女性4格

Das Leben ist kurz. Wir dürfen **die Zeit** nicht vergeuden.

人生というのは短いものだ。私たちは**時間を**無駄にしてはならない。

練習問題 レベル 1 2 3 定冠詞を変化させて（　　）に入れましょう。

❶ Siehst du dort (　　　　　) Café, oder? (　　　　　) Café ist unser Treffpunkt.
あそこにカフェが見えるよね。そのカフェが私たちの待ち合わせ場所なんだ。

❷ Wie ist (　　　　　) Wetter bei euch in Brüssel?
君たちのいるブリュッセルの天気はどうだい？

❸ Ich zeige Ihnen (　　　　　) Weg zum Hotel.
あなたにホテルへの行き方をお教えしますね。

❹ Es ist warm hier. Kannst du (　　　　　) Fenster aufmachen?
ここは暑いね。窓を開けてくれないか？

❺ Entschuldigung, machen Sie bitte (　　　　　) Tür zu.
すみません、ドアを閉めてください。

❻ Wenn Sie ausgehen, geben Sie bitte (　　　　　) Zimmerschlüssel am Empfang ab.
外出の際は、お部屋の鍵をフロントにお預けください。

❼ Wie gefällt Ihnen (　　　　　) Jacke?
このジャケットはお気に召しましたか？

❽ Weiß jemand, wo (　　　　　) Eltern von Lea sind?
レアの両親がどこにいるか、誰か知りませんか？

❾ Mir tut (　　　　　) Kopf weh.
私は頭痛がする。

❿ Kinder, ihr müsst euch (　　　　　) Zähne putzen!
子供たちよ、歯を磨かなくてはいけないよ！

⓫ Das ist (　　　　　) Wein, den ich in der Bourgogne unbedingt trinken wollte.
これこそ、私がブルゴーニュでどうしても飲んでみたかったワインだ。

⓬ (　　　　　) Zeit ist um. Hören Sie bitte auf zu schreiben.
時間が切れました。書くのをやめてください。

⓭ Heute kann es regnen. Nimm (　　　　　) Regenschirm mit!
今日は雨が降るかもしれない。傘を持っていきなさい。

練習問題
レベル 1 2 3

それぞれの名詞の格に注意して（　　）に定冠詞を入れましょう。

❶ (　　　　) Regisseur (　　　　) Films heißt Fatih Akin.
その映画の監督はファティ・アキンといいます。

❷ Wie war (　　　　) Ergebnis (　　　　) Wahl am Sonntag?
日曜日の選挙の結果はどうだったの？

❸ (　　　　) Qualität (　　　　) Waren ist ausgezeichnet.
それらの品物の質はすばらしい。

❹ Kennst du (　　　　) Titel (　　　　) Liedes?
君はこの歌のタイトルを知っているかい？

❺ (　　　　) Reparatur (　　　　) Autos dauert noch ein paar Tage.
車の修理はあと数日を要する。

❻ (　　　　) Professor erforscht weiter (　　　　) Thema.
その教授はそのテーマをさらに研究する。

❼ (　　　　) Kind schenke ich (　　　　) Spielzeug.
その子供に私はそのおもちゃをプレゼントする。

❽ (　　　　) Sekretär leitet (　　　　) E-Mail an seine Vorgesetzte weiter.
秘書はそのEメールを、彼の上司（女性）に転送する。

❾ (　　　　) Artikel wollte (　　　　) Politikerin unbedingt lesen.
その記事を、その女性政治家は何としても読みたかった。

❿ Ich nehme (　　　　) Menü (　　　　) Tages.
私は日替わり定食（今日の定食）をいただきます。

⓫ (　　　　) Kellnerin serviert (　　　　) Gästen (　　　　) Nachtisch.
ウェイトレスはお客さんたちにデザートを持っていく。

⓬ (　　　　) Architekt misst (　　　　) Fläche (　　　　) Wohnung.
建築家がその住居の面積を測る。

⓭ (　　　　) Geschichte (　　　　) Stadt interessiert (　　　　) Besucher.
その街の歴史は、訪問者たちの興味をひく。

⓮ (　　　　) Spezialität (　　　　) Cafés ist (　　　　) Rhabarberkuchen.
そのカフェの名物はルバーブのケーキだ。

練習問題 レベル 1 2 **3**

(　　) に定冠詞を、[　　] には形容詞の語尾を入れましょう。

❶ Wem gehört (　　　　) schwarz[　　] Schal?
この黒いスカーフは誰のものですか?

❷ (　　　　) Donau ist (　　　　) längst[　　] Fluss Europas.
ドナウ川はヨーロッパで一番長い河だ。

❸ Die Zugspitze ist (　　　　) höchst[　　] Berg in Deutschland.
ツークシュピッツェはドイツで一番高い山です。

❹ ZDF ist (　　　　) Abkürzung für (　　　　) Zweit[　　] Deutsch[　　] Fernsehen.
ZDFとは、ドイツ第二テレビの省略形だ。

❺ Wie findest du (　　　　) grau[　　] Hose dort?
あそこにあるグレーのズボンをどう思う?

❻ Im Winter wird (　　　　) ganz[　　] Haus zentral geheizt.
冬になると建物全体がセントラルヒーティングで暖められます。

❼ Wegen (　　　　) gestrig[　　] Sturms sind viele Bäume umgefallen.
昨日の嵐のせいで、多くの倒木がありました。

❽ Im Jahr 1914 brach (　　　　) Erst[　　] Weltkrieg aus.
1914年に第一次世界大戦が勃発しました。

❾ Nach Eingabe der PIN-Nummer soll die Zahlung mit (　　　　) grün[　　] Taste bestätigt werden.
暗証番号を入力した後で、緑色のボタンで支払いを確定する必要があります。

❿ (　　　　) weltweit[　　] Pandemie hat unser Leben drastisch verändert.
世界的な感染症の流行が、私たちの生活を大きく変えてしまった。

⓫ Gegen Jahresende wird in Japan vielerorts (　　　　) Neunt[　　] Symphonie Beethovens gespielt.
年末ごろになると日本では多くの場所でベートーヴェンの第九交響曲が演奏されます。

⓬ Es ist (　　　　) wichtigst[　　] Aufgabe (　　　　) Politiker, auf eine Krise schnell zu reagieren.
危機に対し迅速に対処することこそ、政治家たちの最も重要な役目である。

⓭ Angela Merkel wurde (　　　　) erst[　　] Bundeskanzlerin in (　　　　) deutsch[　　] Geschichte.
アンゲラ・メルケルはドイツの歴史上で初めての女性首相になりました。

第2課 不定冠詞と格変化

不定冠詞は、特に定まっていないある一つのもの・ことを指すために用いられ、定冠詞と同様に名詞の前に置かれます。不定冠詞もまた、それに続く名詞の性と、文中での名詞の格に応じて変化します。単数形にしか付けられないので、不特定のもの・ことの複数形には不定冠詞を付けません。

名詞の性（男性・女性・中性）と、1格（主格：～が）・2格（属格：～の）・3格（与格：～に）・4格（対格：～を）に応じて、不定冠詞は以下の表のように変化します。

	男性名詞	女性名詞	中性名詞
1格	ein	eine	ein
2格	eines	einer	eines
3格	einem	einer	einem
4格	einen	eine	ein

男性1格　中性4格

Auf der Bank im Stadtpark sitzt **ein alter Mann** und liest **ein Buch**.

街の公園のベンチに、一人の老人が腰かけて本を読んでいる。

男性4格　女性4格

Herr Müller trägt **einen schwarzen Mantel** und **eine graue Hose**.

ミュラー氏は、黒いコートとグレーのズボンを身につけている。

不特定の複数のもの・ことは、無冠詞＋複数形または数詞＋複数形で表現します。

Hier an der Straßenecke werden **Zeitungen und Zeitschriften** verkauft.

ここの通りの角で、**新聞や雑誌**（複数）が売られています。

Ich habe **einen Bruder**.

私には兄（弟）が**一人**いる。

Ich habe **zwei Brüder**.

私には兄弟が**二人**いる。

練習問題 レベル 1 2 3

不定冠詞を変化させて（　）に入れましょう。

❶ Udon ist (　　) Art Nudelgericht. Es wird aus Weizen gemacht.
うどんは麺料理の一種です。それは小麦から作られます。

❷ Ich möchte (　　) Tisch für vier Personen reservieren.
4人向けの席（テーブル）を予約したいのですが。

❸ Max hat nach dem Physikstudium Romanistik studiert. Das ist (　　) ungewöhnliche Wahl.
マックスは大学で物理学を学んだ後にフランス文学を専攻した。これは珍しい選択だ。

❹ Haben Sie (　　) Zweibettzimmer für heute Nacht frei?
今夜、ツインの部屋は一室空いていますか？

❺ Im Sommer fahre ich nach Kroatien. (　　) Freundin von mir wohnt jetzt dort.
夏に私はクロアチアに行きます。女友達の一人が今そこに住んでいるんです。

❻ Ich kenne (　　) Studenten, der aus Rumänien kommt.
私はルーマニア出身の大学生を知っています。

❼ Morgen findet in der Stadthalle die Aufführung (　　) Tanzgruppe aus Russland statt.
明日、市民会館でロシアのダンスグループの公演が行われます。

❽ Moment bitte! Ich muss schnell (　　) E-Mail an Herrn Schmidt schreiben.
ちょっと待ってください。私は急いでシュミット氏にメールを一通書かないといけないんです。

❾ Ich kann es nicht leiden, so (　　) Quatsch zu hören.
こんな馬鹿げた話を聞くのは私にはもう耐えられない。

❿ Es ist besser, vor dem Absenden dieser Unterlagen (　　) Kopie zu machen.
この書類を送る前に、コピーを取ったほうがいいですよ。

⓫ Am Brunnen vor dem Tor steht (　　) Lindenbaum.
門の前の井戸のわきに、一本の菩提樹の木が立っている。

⓬ Gibt es hier in der Nähe (　　) Ort, an dem man kostenlos WLAN benutzen kann?
この近くに、無線LANを無料で使える場所はありませんか？

練習問題 レベル 1 2 3

それぞれの名詞の格に注意して（　　）に不定冠詞を入れましょう。

❶ Was darf es sein? ― Ich hätte gern (　　) Stück Käsekuchen und (　　) Tasse Kaffee.
何になさいますか？―チーズケーキを一つと、コーヒーを一杯ください。

❷ Ich möchte (　　) Tages nach Deutschland reisen.
私はいつかドイツを旅行してみたい。

❸ Weil ich mich verlaufen habe, habe ich (　　) Passanten nach dem Weg zum Hotel gefragt.
道に迷ってしまったので、私は一人の通行人にホテルへの道筋をたずねた。

❹ Neulich hat die Journalistin (　　) Artikel über Kinderarmut geschrieben.
この間、そのジャーナリストは、子供の貧困に関する記事を書いた。

❺ Kann ich dazu noch (　　) Kommentar geben?
そのことについて、一言コメントしてよろしいですか？

❻ Nach dem Studium hat Lena bei (　　) Baufirma gearbeitet.
大学での勉強の後、レーナはある建設会社で働いていた。

❼ Wann wird die Reparatur meiner Uhr fertig? – Etwa in (　　) Woche.
時計の修理はいつ終わりますか？―およそ一週間後です。

❽ Seit (　　) Monat arbeitet Frau Finke mit uns. Wir verstehen uns gut.
1か月前からフィンケさんは私たちと一緒に働いている。私たちは彼女とうまくやっている。

❾ Medikamente muss man immer in (　　) bestimmten Zeitraum einnehmen.
薬は、いつも決まった時間帯に服用しなくてはいけません。

❿ Morgen bin ich zu (　　) Party eingeladen.
私は明日、パーティーに招待されています。

⓫ Mein Opa war den ganzen Vormittag in (　　) Café und hat alle Zeitungen gelesen.
私の祖父は午前中ずっとカフェに座って、すべての新聞を読んだ。

⓬ Unser Sohn ist für (　　) Kind ziemlich groß.
私たちの息子は子供にしてはかなり背が高いです。

⓭ Vor (　　) Woche besuchte mich mein Onkel.
1週間前、おじが私のもとを訪ねてきた。

⓮ Mit (　　) Freund von mir fahre ich morgen ans Meer.
友人の一人と一緒に、明日私は海へ出かける。

練習問題 レベル 1 2 3

（　）に不定冠詞を、[　] には形容詞の語尾を入れましょう。

❶ Meine Mutter hat (　　) älter[　　] Schwester und (　　) jünger[　　] Bruder.
私の母には姉と弟が一人ずついます。

❷ Er wurde als Sohn (　　) reich[　　] Unternehmers in Mainz geboren.
彼はある裕福な企業家の息子としてマインツで生まれた。

❸ In der Straßenbahn hat er (　　) alt[　　] Frau beim Aussteigen geholfen.
市電のなかで、彼は一人のお年寄りの女性が下車するのを手伝った。

❹ Als er die Nachricht hörte, zog er (　　) saur[　　] Miene.
彼はそのニュースを聞いて顔をしかめた。

❺ Wegen der Finanzkrise hat die Bank (　　) groß[　　] Verlust erlitten.
金融危機のせいで、その銀行は大きな損失を被った。

❻ Neben dem Haupteingang gibt es (　　) klein[　　] Tür für das Hotelpersonal.
メインエントランスの横に、ホテルの従業員用の小さな扉があります。

❼ (　　) gewiss[　　] Herr Joch hat mich gestern plötzlich besucht.
ヨッホさんとか言う人が昨日突然私のもとを訪ねてきました。

❽ (　　) unbedacht[　　] Wort des Ministers hat das Volk verärgert.
閣僚の不注意な一言が、国民の怒りに火をつけた。

❾ Ich möchte (　　) klein[　　] Apfelschorle.
アップルショーレ（リンゴジュースの炭酸水割り）の小さいのをほしいのですが。

❿ Gestern fand vor dem Rathaus (　　) groß[　　] Demonstration gegen den Krieg statt.
昨日、市庁舎の前で戦争反対の大規模なデモが開催された。

⓫ Vor dem Anstoßen gab es (　　) kurz[　　] Grußwort des Bürgermeisters.
乾杯の前に、市長による短い挨拶があった。

⓬ So (　　) blöd[　　] Ausrede habe ich noch nie gehört.
そんなバカげた言い訳など、今まで聞いたことがない。

⓭ Das Hemd ist für (　　) siebzigjährig[　　] Mann etwas zu bunt, finde ich.
そのシャツは、70歳の男性には少し派手過ぎると私は思う。

⓮ Es ist für jedes Land (　　) schwierig[　　] Aufgabe, die Pandemie einzudämmen.
感染症を抑えることはどの国にとっても困難な課題である。

第 3 課 定冠詞か不定冠詞か

定冠詞を用いるのは以下の場合です。

▼数あるもののうち、特定のものを指して言う場合

Es gibt viele Cafés in der Stadtmitte, aber **das** Café neben dem Rathaus gefällt mir am besten.

街中にはたくさんのカフェがあるが、市庁舎の横のそのカフェが私の一番のお気に入りだ。

▼すでに話題になっている特定のもの・ことを指す場合

Elke hat ein Sommerhaus in Oberbayern. **Das** Haus gefällt ihr sehr.

エルケはオーバーバイエルンに別荘を持っている。彼女はその家がとても気に入っている。

（ここでのHausは、前文に出てきたエルケの別荘Sommerhausのことだとわかる）

▼話者間で了解の取れている事柄を指す場合

Kennen Sie **den** Mann, der dort mit unserem Chef plaudert?

あそこで私たちの上司と談笑しているその男性を知っていますか？

（あそこで上司と話していることが話者双方で確認できる）

▼「そもそも～というものは」など、事物の特性を述べる場合

Der Mensch ist schwach.　人間というのは弱いものだ。

▼前置詞を用いた熟語的表現

定冠詞が本来持っている「その」の意味は薄まります。また省略形が作れる場合は省略形になります。

Petra fährt **mit der** U-Bahn **zur** Arbeit.　ペトラは地下鉄で仕事に行く。

（zurはzu derの省略形。どの地下鉄か、どの仕事かは特定されない）

「その」を強調したい場合、「前置詞＋定冠詞＋名詞」を省略せず述べるとともに、定冠詞にアクセントを置きます。

Mein Vater geht oft in **das** Restaurant.　私の父は、よくそのレストランへ行く。

（「その」を強調するため、省略形のinsは用いず、dasを強調して発音）

不定冠詞を用いるのは以下の場合です。

▼不特定の一つのものを表す場合

Bis zur Party haben wir noch zwei Stunden, wollen wir **einen** Film sehen?

パーティーまであと2時間あるよ。映画でも（一本）見ようか？

▼「一つ」という数を強調したい場合

Das Hotel ist heute fast ausgebucht. Es ist nur noch **ein** Dreibettzimmer frei.

そのホテルは今日はほぼ満室だ。トリプルの部屋があと一室しか残っていない。

練習問題 レベル 1 2 3

( ) に入る適切な冠詞を選びましょう。

❶ Wer ist ( ) Frau da? — Das ist Hanna, meine Tante.

[a] die [b] der [c] eine [d] einer

あそこにいる女性は誰？－彼女はハンナで、私の叔母だよ。

❷ Siehst du dort ( ) Imbissstand? Die U-Bahn-Station ist darunter.

[a] der [b] den [c] ein [d] einen

あそこに一つ、軽食の屋台があるのが見えるかい？地下鉄の駅はその下にあるよ。

❸ Mir passt ( ) Anzug besser. Den nehme ich.

[a] der [b] den [c] ein [d] einen

私にはそのスーツのほうがよく合う。それを買います。

❹ Entschuldigung, gibt es hier in ( ) Nähe ( ) Toilette?

[a] die [b] der [c] eine [d] einer

すみません、この近くにトイレはありますか？

❺ Wie ist ( ) Name des Schlosses am Eibsee?

[a] der [b] den [c] ein [d] einen

アイプ湖のほとりにあるそのお城の名前は何？

❻ Saumagen ist ( ) regionales Gericht in Rheinland-Pfalz.

[a] des [b] das [c] eines [d] ein

ザウマーゲンは、ラインラント＝プファルツの郷土料理の一つです。

❼ Ludwig II.* war ( ) tragische König in Bayern.

[* Ludwig der Zweiteと読みます]

[a] der [b] den [c] ein [d] einen

ルートヴィヒII世は、バイエルンの悲劇の王様でした。

❽ Neulich hat die Journalistin ( ) Buch über die japanischen Medien geschrieben.

[a] das [b] dem [c] ein [d] einem

そのジャーナリストは最近、日本のメディアに関する一冊の本を書いた。

❾ Die beiden Minister haben heute in Bonn getagt. ( ) Sitzung dauerte über vier Stunden.

[a] Der [b] Die [c] Ein [d] Eine

両首脳はボンで会談した。その会議は4時間以上に及んだ。

練習問題 レベル 1 2 3

定冠詞か不定冠詞かを考えて(　　)に適切な形にして入れてみよう。

❶ Um Bargeld abzuheben, muss ich zuerst (　　) Geldautomat suchen.
現金を下ろすため、私はまずATMを探さなくてはならない。

❷ Kommst du zu Fuß zur Uni? — Nein, ich fahre mit (　　) Bus.
君は歩いて大学に来るの？－いや、バスで来るよ。

❸ Können Sie mir (　　) Hotelzimmer in Wien reservieren?
ウィーンのホテルを一部屋予約していただけませんか？

❹ Hast du (　　) Uhrzeit? — Es ist halb acht.
何時ですか？－7時半です。

❺ Wir haben es jetzt eilig, also nehmen wir (　　) Taxi.
今急いでいるから、タクシーを使おう。

❻ Trinkst du noch (　　) Bier?
君はもう一杯ビールを飲む？

❼ Ich möchte jetzt auschecken. Hier ist (　　) Zimmerschlüssel.
チェックアウトしたいと思います。こちらが部屋の鍵です。

❽ (　　) Zeit vergeht schnell. Es ist bald Mitternacht.
時間というのは早く過ぎるものだ。もうすぐ0時になるよ。

❾ Ich hätte gern (　　) Baguette mit Schinken und Käse.
ハムとチーズのバゲットを一ついただきたいのですが。

❿ Wie hat (　　) Essen geschmeckt? — Es war köstlich.
お食事はいかがでしたか？－おいしかったです。

⓫ Im Großen und Ganzen bin ich für euer Projekt. Aber (　　) Punkt ist unakzeptabel.
君たちのプロジェクトに私は大筋で賛成だ。だが一つ、私には承服しかねる点がある。

⓬ Wir müssen (　　) Familien aus der Ukraine helfen.
私たちはウクライナから来たその家族たちに手助けをしなくてはいけません。

⓭ Wir hätten gern (　　) Flasche Weißwein.
— Alles klar. Möchten Sie (　　) Wein aus dem Rheingau probieren?
白ワインをボトルで一本いただきたいのですが。
—かしこまりました。こちらのラインガウ地方のワインを試飲されますか？

練習問題 レベル 1 2 **3**

定冠詞か不定冠詞かを考えて(　)に適切な形にして入れ、さらに[　]に適切な変化語尾を補ってみよう。

❶ Hier wird (　) neu[　] Supermarkt eröffnet.
ここに一軒の新しいスーパーマーケットがオープンします。

❷ (　) renoviert[　] Hotel ist immer ausgebucht.
その改装されたホテルはいつも満室だ。

❸ Gegen die Sparmaßnahmen haben (　) empört[　] Bürger demonstriert.
緊縮策に対し、怒った市民たちがデモを行った。

❹ Am Ende (　) lang[　] Sitzung stellte der Manager noch (　) kompliziert[　] Frage.
長い会議の最後に、マネージャーがさらにもう一つ面倒な質問をした。

❺ Der Autor (　) umstritten[　] Buches ist (　) jung[　] Soziologe.
議論を呼んだその本の著者は、ある若い社会学者だ。

❻ Die Qualität (　) neu[　] Computers ist ziemlich gut.
この新しいパソコンの性能はかなりよい。

❼ Wegen (　) steigend[　] Corona-Fälle schließt das Land seine Grenzen.
増え続けるコロナの感染者数により、その国は国境を閉鎖している。

❽ Die Datei ist in (　) firmenintern[　] Netzwerk gespeichert.
データは、社内のネットワークに保存されている。

❾ Meine Schwester ist mit (　) neu[　] Fahrrad sehr zufrieden.
私の妹はその新しい自転車にとても満足しています。

❿ Wegen (　) heftig[　] Sturms ist die Autobahn gesperrt.
強烈な嵐により、アウトバーンが閉鎖されている。

⓫ Für (　) nächst[　] Reise nach Japan beginnt Thomas wieder zu jobben.
次の日本への旅行のために、トーマスはまたアルバイトを始めた。

⓬ Die Banken konnten (　) insolvent[　] Unternehmen nicht retten.
銀行は、支払い能力のないその会社を救えなかった。

⓭ Für (　) zweijährig[　] Baby spricht Leo ziemlich viel.
２歳の赤ん坊にしては、レオはかなりよく話す。

第4課

2格の用法

ドイツ語の2格（属格）は、日本語の「の」に相当します。der Titel des Buchs（タイトル—その本の）のように、基本的にドイツ語では2格は後ろから前に修飾しますので注意してください。また、男性名詞と中性名詞の2格では、冠詞だけでなく名詞の語尾も変化し、語尾に-sまたは-esが付きますので、こちらも忘れないようにしましょう。

2格を前から後ろに掛ける用法（ザクセン2格と呼ばれる）もあり、特に固有名詞を2格に用いる場合によく使われます。そのほか、2格支配の前置詞、2格支配の動詞や2格を用いた熟語表現もあります。

Das Menü **des Tages** ist Schweinefilet mit Salzkartoffeln und Spinat.

今日の定食は、ブタのフィレ肉と塩ゆでのジャガイモ、それにほうれん草です。

Man konnte den Angriff **der Truppe** nicht vorhersehen.

その部隊の攻撃を事前に予想することは不可能だった。

＊文脈によって「その部隊が攻撃する」「その部隊を攻撃する」のどちらも解釈可能です。

前から後ろに掛けることも可能です（その場合、2格が掛かる名詞には冠詞が付きません）。

des Dichters Tod = der Tod des Dichters　その詩人の死

Japans Sanktion = die Sanktion Japans　日本の（への／による）制裁

2格支配の前置詞：以下の前置詞を用いるときは、名詞の2格を伴います。

aufgrund（～の理由で）、infolge（～の結果）、statt / anstatt（～の代わりに・～せずに）、trotz（～にもかかわらず）、wegen（～のせいで）など

＊wegenは後置されることもあります。wegen des Krieges = des Krieges wegen 戦争のせいで

2格支配の動詞：以下の動詞を用いるときは、目的語は2格で表します。

bedürfen（必要とする）、bemängeln（非難する）、sich bemächtigen（我が物にする）、sich vergewissern（確認する）、gedenken（心に刻む）など

Wir gedanken **der Opfer** des Krieges.

私たちは戦争の犠牲者たちを悼む。

練習問題 レベル 1 2 3

（　）の中に、定冠詞の２格の形を入れてみよう。

❶ Was ist das Angebot (　) Woche?
今週のお買い得品は何ですか？

❷ Am Ende (　) Sitzung hat die Ministerin eine kurze Rede gehalten.
会議の終わりに、大臣が短い演説を行った。

❸ Ich kenne den Autor (　) Buches persönlich.
私はその本の著者を個人的に知っています。

❹ Der Artikel in der Zeitschrift hat den Zorn (　) Bürger erregt.
その雑誌の記事は市民の怒りを呼んだ。

❺ Die Zahl (　) Infizierten ist in den letzten Tagen leicht gesunken.
感染者の数はここ数日間でやや減少している。

❻ Die Auswirkung (　) Pandemie ist vor allem im Bereich (　) Gastronomie und (　) Tourismus enorm.
その感染症がもたらす影響は、特に飲食業と観光業の分野では甚大である。

❼ Der Erzeuger (　) Weins möchte neue Märkte im Ausland erschließen.
そのワインの生産者は、外国に新しいマーケットを開拓したがっている。

❽ Das Ziel (　) Forscher ist es, einen neuen Impfstoff zu entwickeln.
研究者たちの目標は、新しいワクチンを開発することだ。

❾ Wegen (　) Pandemie werden auch in Österreich Essenslieferdienste immer mehr benutzt.
感染症の流行により、オーストリアでも食事の宅配サービスがますます利用されている。

❿ Aufgrund (　) Unwetters gibt es an mehreren Stellen Verkehrsbehinderungen.
悪天候により、多くの箇所で交通障害が発生しています。

⓫ Infolge (　) Steuersenkung ist der Umsatz von Konsumgütern wieder gestiegen.
減税の結果、消費財の売り上げが再び増加に転じた。

⓬ Der Virologe kritisierte die frühzeitige Lockerung (　) Corona-Auflagen.
そのウイルス学者は、あまりに拙速なコロナ規制の緩和を非難した。

練習問題 レベル 1 2 3

[　]内の語を適切な形にして(　)に入れてみよう。

❶ Wie war die Atmosphäre (　)? [das Café]
そのカフェの雰囲気はどうだった？

❷ Einigkeit und Recht und Freiheit sind (　) Unterpfand.
[das Glück]
統一と正義と自由は、幸せの証である。（ドイツ国歌より）

❸ Die Hochzeit (　) findet morgen in der Stadtkirche statt.
[mein Freund]
私の友人の結婚式は明日町の教会で執り行われる。

❹ Wessen Fahrrad ist das? ― Das ist (　) Fahrrad. [Christian]
これは誰の自転車ですか？ ― それはクリスティアンの自転車です。

❺ Tokyo ist (　) Hauptstadt. [Japan]
東京は日本の首都です。

❻ Jürgen ist der Mann (　). [meine Schwester]
ユルゲンは私の姉の夫だ。

❼ Wer sind Sie? ― Ich bin (　) Ehemann. [Hillary]
あなたはどなたですか？―私はヒラリーの夫です。

❽ Wie ist der Name (　) ? [der Schriftsteller]
その作家の名前は何と言うのですか？

❾ Ich möchte (　) nach Finnland fliegen und das berühmte Polarlicht sehen. [ein Tag]
私はいつか（いつの日か）フィンランドに行って、かの有名なオーロラを見てみたい。

❿ Die Hausarbeit (　) ist sehr gut. [der Student]
その大学生のレポートはとてもよくできている。

⓫ Der Redner war so humorvoll, dass das Lachen (　) kein Ende fand. [das Publikum]
その講演者はとてもユーモアに富んでいたので、聴衆は笑いが止まらなかった。

⓬ Hat er wirklich Japanisch gesprochen?
― (　) hat er es nie gelernt. [mein Wissen]
彼は本当に日本語を話していたの？
―私の知る限り、彼は日本語を習ったことはないんだけど。

練習問題　レベル 1 2 **3**

形容詞の格変化に注意して、[　　]内の語を適切な形にして(　　)に入れてみよう。

❶ Anstelle (　　　　　　　　　　) gab die Vizeministerin das Grußwort. [der erkrankte Minister]
病気の大臣に代わって、副大臣が挨拶を述べた。

❷ Anstatt (　　　　　　　　　　) bietet das Museum eine Online-Ausstellung an. [die abgesagte Ausstellung]
中止された展覧会の代わりに、その博物館はオンラインの展示を行っている。

❸ Er konnte die Prüfung nicht bestehen. Das war (　　　　　　　　　　) seine Schuld. [letztes Ende]
彼は試験に合格できなかった。結局のところ、それは彼自身のせいだ。

❹ Für weitere Konjunkturprognose bedarf man (　　　　　　　　　　) von den Verbraucherpreisen. [die genaueren Daten]
景気の先行きをさらに測るには、消費者物価のより詳しいデータが必要である。

❺ Monika konnte mit Hilfe (　　　　　　　　　　) den Schnee vor ihrem Haus beseitigen. [ihr jüngerer Bruder]
モニカは彼女の弟の助けを借りて、家の前の雪を片付けることができた。

❻ Trotz (　　　　　　　　　　) ist die Zahl der Infizierten nicht sehr stark gesunken. [die strengeren Corona-Auflagen]
より強力なコロナ規制にもかかわらず、感染者の数はそこまで劇的には減っていない。

❼ Hier wird der Bau (　　　　　　　　　　) geplant.
[ein neues Einkaufszentrum]
ここに、新しいショッピングセンターの建設が予定されています。

❽ Dank (　　　　　　　　　　) konnten wir eine gute Lösung finden.
[Ihr netter Vorschlag]
あなたの親切なご提案のおかげで、私たちはいい解決策を見つけることができました。

❾ Wegen (　　　　　　　　　　) ist auf der Potsdamer Straße eine Spur gesperrt. [ein defektes Fahrzeug]
故障した車両のせいで、ポツダム通りでは一車線がふさがっています。

❿ Aufgrund (　　　　　　　　　　) ist die Planung eines Urlaubs immer noch schwierig.
[die noch nicht vorhersehbare Pandemielage]
いまだに先行き不透明な感染症の状況により、休暇旅行を計画するのはなお困難です。

⓫ Leon war heute (　　　　　　　　　　). [schlechte Laune]
レオンは、今日は機嫌が悪かった。

第5課 3格の用法

間接目的語を表す3格は、基本的には日本語の助詞「に」に相当しますが、この「与格」としての3格の他に、ドイツ語には奪格としての3格の用法があり、この場合は「～から（～を奪う）」という意味合いで用いられます。また、複数形の3格では、名詞の語尾に-nを加えます（複数形が-nで終わっているもの、-sが付くものは除く）。

・与格としての用法「～に」

Jetzt zeige ich **Ihnen** das Wohnzimmer und das Schlafzimmer des Königs.
これからあなた方に、国王の居室と寝室を案内します。（IhnenはSieの3格）

gehören, gefallen, passenなど、3格支配の動詞を用いた疑問文では、語順が「動詞→間接目的語→主語」の順になることがあります。

Die Melodie gefällt **ihr** gut.　そのメロディーは彼女のお気に入りです。
→ Gefällt **ihr** die Melodie?　そのメロディーは彼女のお気に入りですか？

・奪格としての用法「～から」

Jemand hat **mir** das Portemonnaie gestohlen.
私の財布が盗まれた（誰かが私から財布を盗んだ）。
Die Hitze nahm **den Bergsteigern** die Kraft.　暑さが登山家たちから力を奪った。

・前置詞に導かれる3格

3格支配の前置詞を用いるとき、また3・4格支配の前置詞が「動作の行われる場所」を表す（3格を導く）ときも3格になります。

Seit **einem** Monat wohne ich mit **meiner** Freundin in **einer** Wohnung neben **dem** Campus.
1か月前から、私は彼女とキャンパス近くの住居で暮らしている。

行為の対象を主語自身に向ける「再帰代名詞」にも3格があります。
sich^3 vorstellen（思い浮かべる）, sich^3 die Hände waschen（自分の手を洗う）, sich^3 die Zähne putzen（自分の歯を磨く）など。

Ich kann **mir** nicht vorstellen, wie das Leben in der Kriegszeit war.
戦争中の生活がどんなものだったのか、私には想像できない。

練習問題 レベル 1 2 3

[　] の名詞・代名詞を３格にして（　　）に入れてみよう。

❶ Hallo Karin, wie geht's (　　)? －Danke, (　　) geht's ganz gut. [du / ich]
こんにちは、カーリン、元気ですか？—ありがとう、私はとても元気ですよ。

❷ Ist (　　) hier nicht kalt? Soll ich die Heizung anmachen? [ihr]
君たちは寒くない？　暖房を入れたほうがいい？

❸ Otto teilte (　　) mit, dass er zum Jahresende den Arbeitsplatz verlässt. [sein Chef]
オットーは彼のボスに、年末で職場を去ると伝えた。

❹ Was hast du (　　) zu ihrem Geburtstag geschenkt? [deine Freundin]
君はガールフレンドに、誕生日に何をプレゼントしたんだい？

❺ Die Oma hat (　　) ein Märchen erzählt. [ihr Enkel]
おばあさんは孫に、おとぎ話を語って聞かせた。

❻ Erik vertraut (　　) nicht. [die Medizin]
エーリックは医学というものに信頼を置いていない。

❼ Hast du schon (　　) gesagt, dass das Ergebnis deines Abiturs am besten in der Klasse war? [deine Eltern]
高校卒業試験の成績がクラスで一番だったことを、君はもう両親に伝えたの？

❽ Die Regierung hat (　　) Schadenersatz während des Lockdowns versprochen. [die Gastronomiebranche]
政府は飲食業界に対し、ロックダウン中の損害の補填を約束した。

❾ Maria hat (　　) gezeigt, wie er die Alte Pinakothek zu Fuß erreichen kann. [ein Tourist]
マリアは一人の旅行者に、旧絵画館にどうやって歩いて行けばよいかを説明した。

❿ Gefällt (　　) das Hemd? －Ja, sehr. Und es passt gut zu (　　). [Sie / diese Hose]
そのシャツがお気に召しましたか？—はい、とても。それにこのズボンにもよく合いますし。

⓫ Obwohl Alex fünf Jahre in Zürich war, ist (　　) Schweizerdeutsch immer noch fremd. [er]
アレックスは５年間チューリッヒにいたのに、スイスのドイツ語には今なお慣れていない。

⓬ Viele Deutsche sind bereit, (　　) aus der Ukraine zu helfen. [die Flüchtlinge]
多くのドイツ人が、ウクライナからの避難民たちに対して援助をする準備ができている。

⓭ Es liegt (　　) sehr am Herzen, bis wann der Krieg denn dauert. [viele Bürger]
戦争がいったいいつまで続くのかということが、多くの市民にとってはとても気がかりだ。

⓮ Können Sie bitte (　　) Bescheid sagen, dass wir zahlen möchten? [Ihr Kollege]
あなたの同僚に、私たちが支払いをしたい旨を伝えてもらえませんか？

練習問題 レベル 1 2 3

前置詞の格支配に注意して（　）に［　］内の語句の３格を入れてみよう。

❶ Als er sie nach (　) gefragt hat, wurde sie plötzlich sauer. [ihr Alter]
彼が彼女に年齢をたずねたとき、彼女は突如不機嫌になった。

❷ Zu (　) hat Jens mich mit (　) von Bonn in Düsseldorf besucht. [mein Erstaunen / das Fahrrad]
驚いたことに、イェンスはボンから自転車でデュッセルドルフの私のもとを訪ねてきた。

❸ Bei (　) der Ausstellung hat der Bürgermeister eine Festrede gehalten. [die Eröffnung]
展覧会のオープニングに際して、市長が祝辞を述べた。

❹ Vor (　) haben wir noch eine halbe Stunde. Machen wir die Arbeit fertig. [die Mittagspause]
昼休みまでまだ30分ある。この仕事を終えてしまおう。

❺ Die Apotheke befindet sich gleich gegenüber (　). [die Arztpraxis]
薬局は、診療所のちょうど向かいにあります。

❻ Das von (　) entworfene Gebäude des neuen Rathauses passt gut zum Stadtbild. [ein junger Architekt]
ある若い建築家によってデザインされた新市庁舎の建物は、私たちの街の景観に合致している。

❼ Sylt ist eine Insel in (　), die von (　) aus ganz Deutschland besucht wird. [die Nordsee, viele Urlauber]
ズィルト島は北海に浮かぶ島で、ドイツ中から余暇を過ごしに来る客が訪れています。

❽ Sind Sie zufrieden mit (　)? [unser Produkt]
あなたは私どもの製品に満足されていますか？

❾ Zwischen (　) gibt es 20 Minuten Pause. [der zweite und der dritte Akt]
第２幕と第３幕の間に20分間の休憩があります。

❿ Hast du auch Lust, an (　) nach Freiburg teilzunehmen? [die Exkursion]
君も、フライブルクへの課外プログラムに参加したいの？

⓫ Wenn Sie Fragen haben, dann melden Sie sich einfach bei (　). [wir]
ご質問がありましたら、遠慮なく私どもにご連絡をお願いします。

⓬ Das Zimmer von Professor Neumann ist in (　), direkt neben (　). [die zweite Etage / der Fahrstuhl]
ノイマン教授の部屋は３階にあり、エレベーターのすぐ隣です。

練習問題 レベル 1 2 **3**

奪格に注意して、(　　)に[　　]の名詞・代名詞の3格を入れよう。

❶ Dank der frühzeitigen Evakuierung konnten wir (　　) entgehen. [die Überflutung]
早期の避難により、私たちは洪水から逃れることができた。

❷ Sie hat (　　) ihres Vaters sofort entnommen, dass ihm etwas Schlimmes passiert ist. [die Miene]
彼女は父の表情から、彼に何か悪いことが起きたことをすぐに察知した。

❸ In der U-Bahn wurde (　　) das Portemonnaie gestohlen. [ich]
地下鉄の中で私は財布を盗まれた。

❹ Nach dem Unfall wurde (　　) der Führerschein entzogen. [der Fahrer]
事故の後、その運転手は免許証を取り上げられた。

❺ Durch das Tor in der Nachspielzeit haben wir (　　) den Sieg entrissen. [der Gegner]
ロスタイムのゴールにより我々は敵方から勝利をもぎ取った。

❻ Um (　　) des Lebens in der Großstadt zu entfliehen, ist der Künstler aufs Land gezogen. [der Stress]
都会の生活のストレスから逃れるべく、その芸術家は田舎に引っ越した。

❼ Der neuste Roman der Schriftstellerin soll (　　) entsprungen sein. [ihre eigene Erfahrung]
その女性作家の最新の小説は、彼女自身の経験にもとづいているという。

❽ Der Zug fuhr ab. Aber er hat seiner Freundin so lange nachgesehen, bis sie (　　) entschwand. [seine Sicht]
列車が発車した。だが彼は、自分の視界から彼女が見えなくなるまで彼女を見続けていた。

❾ Um das Kind vor häuslicher Gewalt zu schützen, muss man es (　　) entziehen. [sein Vater]
その子供を家庭内暴力から守るため、子供を父親から引き離さなくてはならない。

❿ Um (　　) der Staatsanwaltschaft zu entrinnen, ließ sich der Politiker ins Krankenhaus einweisen. [die Ermittlung]
検察から逃れるため、その政治家は病院に入院した。

⓫ Weil das Kind gar nicht gelernt hat, hat die Mutter (　　) das Computerspiel abgenommen. [er]
子供がちっとも勉強しなかったので、母親は子供からゲームを取り上げた。

⓬ Es ist nicht gestattet, die Wohnung (　　) zu entfremden. [ihr Zweck]
住居を、その目的以外に用いる（目的から遠ざける）ことは認められていません。

第6課　4格の用法

4格（対格）は、直接目的語を表す格で、日本語の「を」に相当します。他動詞を用いる場合、必ず4格の目的語が必要になります。また4格支配の前置詞、動作の方向を表す3・4格支配の前置詞においても4格を伴います。さらに、前置詞のinやanを用いずに時を表す場合にも4格を用います（時を表す副詞句）。非分離前綴りを用いて形容詞や名詞を動詞化したもの、自動詞を他動詞化したものも4格を伴いますが、日本語の「を」に当てはまらないケースもあるので注意しましょう。

・他動詞： kaufen（～を買う）, geben（～を与える）, renovieren（～を改修する）

Hast du wieder <u>einen</u> neuen Rock gekauft?　君はまた新しいスカートを買ったの？

Ich gebe dir <u>das</u> Buch.　この本を君にあげるよ。

Wir müssen <u>die</u> Küche renovieren.　私たちはキッチンを改修しないといけない。

・4格支配の前置詞

durch（～を通って）, für（～のために）, ohne（～なしで）, um（～の周りに）

Leon verließ ohne <u>ein</u> Wort <u>das</u> Büro.　レオンは何も言わずにオフィスをあとにした。

Jeder weiß, dass sich <u>die</u> Erde um <u>die</u> Sonne dreht.
地球が太陽の周りを周っていると誰もが知っている。

・3・4格支配の前置詞

an（～のそば）, auf（～の上）, hinter（～の後ろ）, in（～の中）, neben（～の隣）, über（～の上方）, unter（～の下）, vor（～の前）, zwischen（～と－の間）

Im Sommer fahren wir an <u>die</u> Ostsee.　夏に私たちはバルト海に出かけます。

Steigt schnell in <u>den</u> Zug ein!　すぐに電車に乗って！

・非分離前綴りを用いた形容詞の動詞化、名詞の動詞化、自動詞の他動詞化

schöner（より美しい）→ verschönern（美化する）, schwer（難しい）→ erschweren（困難にする）

Geist（魂）→ begeistern（感動させる）, Arm（腕）→ umarmen（抱きつく）

steigen（登る）→ besteigen（登頂する）, grüßen（挨拶する）→ begrüßen（歓迎する）

・時を表す副詞句

<u>diesen</u> Sonntag（今度の日曜日）, <u>letztes</u> Jahr（去年）, <u>nächste</u> Woche（来週）

練習問題 レベル 1 2 3

[　] の指示にしたがって、(　) に4格の語を入れましょう。

❶ Entschuldigung, können Sie mir (　) Weg zur Nikolaikirche zeigen? [定冠詞]
すみません、ニコライ教会への行き方を教えてくれませんか?

❷ Wenn Sie nach Bonn fahren, besuchen Sie unbedingt (　) Beethovenhaus. [定冠詞]
ボンにいらっしゃるなら、ベートーヴェン記念館を必ず訪れてくださいね。

❸ Nimmst du auch (　) Salat oder (　) Suppe? [不定冠詞/不定冠詞]
君はサラダとかスープも注文するかい?

❹ Habt ihr irgendwo (　) Handy gesehen? [所有冠詞]
君たちはどこかで僕の携帯電話を見なかった?

❺ Kannst du mir kurz (　) Bleistift leihen? [不定冠詞]
ちょっと鉛筆を貸してくれない?

❻ Wo hast du (　) Jacke gekauft? —Ich habe (　) im Internet bestellt. [定冠詞/人称代名詞]
そのジャケットを君はどこで買ったの?—インターネットで注文したんだ。

❼ Es ist dunkel geworden. Soll ich (　) Licht anmachen? [定冠詞]
暗くなってきたね。電気をつけようか?

❽ Für (　) zweijähriges Kind spricht Kai schon ziemlich fließend. [不定冠詞]
2歳児にしては、カイはすでによく話す。

❾ Wohin soll ich die Mikrowelle stellen? Neben (　) Wasserkocher vielleicht? [定冠詞]
電子レンジはどこに置いたらいい?　その湯沸かしポットの隣とか?

❿ Siehst du (　) Kiosk dort an der Ecke? Da kann man auch Fahrscheine kaufen. [定冠詞]
そこの角にキオスクがあるのが見える?　そこで切符も買えるよ。

⓫ Das Untersuchungsteam wurde unter (　) Leitung einer jungen Abgeordneten gestellt. [定冠詞]
その調査チームはある若い女性議員の主導のもとに置かれた。

⓬ Können Sie die Unterlagen auf (　) Tisch meiner Sekretärin stellen? [定冠詞]
その書類を、私の秘書の机の上に置いていただけませんか?

⓭ Wollen wir mal in (　) neu eröffnete Lokal in der Schillerstraße gehen? [定冠詞]
シラー通りに新しくオープンしたレストランに一度行ってみようか?

練習問題 レベル 1 2 3

[　] の指示にしたがって、(　　) に時を表す4格の語を入れましょう。

❶ (　　) Jahr finden in Peking die Olympischen Winterspiele statt. [dieser]
今年北京で冬のオリンピックが開かれる。

❷ (　　) Sonntag machen wir einen Ausflug in die Sächsische Schweiz. [nächst]
次の日曜日に私たちはザクセンスイスに遠足に行きます。

❸ Morgen muss Fritz eine Klausur schreiben. Dafür lernt er heute (　　) ganzen Tag. [定冠詞]
明日フリッツは試験を受けなくてはならない。そのために彼は今日、一日中勉強している。

❹ Kannst du bitte (　　) Sekunde warten? Ich komme gleich. [不定冠詞]
ちょっとだけ待っててくれない？　すぐに行くから。

❺ Wo warst du denn? Hier haben wir die (　　) Zeit auf dich gewartet. [ganz]
君はいったいどこにいたの？　ここで私たちはずっと君のことを待っていたんだよ。

❻ (　　) Jahr sind alle Veranstaltungen wegen des Coronavirus ausgefallen. [letzt]
去年はコロナウイルスのせいですべての行事が中止になってしまった。

❼ (　　) Woche tagen hier die Finanzminister der EU-Länder. [dieser]
今週ここでEU諸国の財務大臣による会合が行われます。

❽ Wenn man von Europa nach Asien fliegt, kommt man (　　) Tag später am Zielort an. [不定冠詞]
ヨーロッパからアジアに飛ぶと、目的地には一日遅れて到着します。

❾ Lass mich (　　) Moment darüber nachdenken. [不定冠詞]
ちょっとだけ考えさせてくれないかな。

❿ Paul guckt (　　) Minute die Uhr. Aber seine Freundin ist noch nicht gekommen. [jeder]
パウルは1分ごとに時計を見ている。だが彼の彼女はまだやってこない。

⓫ Wenn wir (　　) Mal in die Schweiz fahren, möchten wir Raclette essen. [nächst]
次回スイスに行くときは、ラクレットを食べてみたい。

⓬ (　　) Wochenende fahren wir Ski. [dieser]
今週末私たちはスキーをします。

練習問題
レベル 1 2 **3**

[　] の指示にしたがって、(　　) に4格の語を入れましょう。(日本語の「に」「を」に合わないものに注意)

❶ Meiner Meinung nach ist es beim Skispringen wichtig, (　　) Angst zu besiegen. [定冠詞]
(スキーの) ジャンプの際に大事なのは、不安に打ち勝つことだと私は思う。

❷ Der Politiker hat (　　) E-Mail sehr höflich beantwortet. [所有冠詞]
その政治家は私のメールにとても丁寧に返事をくれた。

❸ Der Bericht erwähnt (　　) mögliche Überflutung nicht ausführlich. [定冠詞]
その報告書は浸水の可能性には詳しく言及していない。

❹ Wenn Sie ins Ausland fahren, beachten Sie bitte (　　) Verkehrsregeln des jeweiligen Landes. [定冠詞]
外国にお出かけになるときは、その国の交通ルールに注意してくださいね。

❺ Das Foto erinnert (　　) an die Zeit vor dem Mauerfall. [人称代名詞]
その写真は私に、ベルリンの壁崩壊前の時代を思い出させる。

❻ Seit Oktober unterrichtet Herr Müller (　　). [人称代名詞]
10月からミュラー先生が私たちに教えている。

❼ Bevor wir (　　) Endstation erreichten, wurde die Fahrt wegen des Unwetters eingestellt. [定冠詞]
終着駅に私たちが着く前に、悪天候で列車の運行が中断してしまった。

❽ Ihr sollt nur (　　) Essen bezahlen. (　　) Getränke bezahle ich dann. [定冠詞/定冠詞]
君たちは食事の分だけ払ってくれればいいよ。飲み物は僕が払うから。

❾ Früher habe ich auch (　　) kleines Zimmer im Studentenwohnheim bewohnt. [不定冠詞]
以前は私も学生寮の小さな部屋に住んでいました。

❿ Ihr habt im Viertelfinale auch gewonnen. Ich bewundere (　　). [人称代名詞]
君たちは準決勝でも勝利したんだね。君たちには感心するよ。

⓫ Die Polizei hat (　　) Mann bemerkt, der mit einem Messer durch die Straße ging. [不定冠詞]
警察は、ナイフを持って通りを歩いている一人の男に気づいた。

⓬ Der Dokumentarfilm hat (　　) Zuschauer tief berührt. [aller]
その記録フィルムはすべての視聴者に深い感銘を与えました。

⓭ Der Arzt kritisiert (　　) jetzigen Corona-Auflagen. Laut ihm sollen sie verstärkt werden. [定冠詞]
その医師は現在のコロナ規制に異議を唱えている。彼によればそれは強化すべきだという。

⓮ Es ist die Aufgabe unserer Firma, (　　) Kunden und Kundinnen gut zu beraten. [定冠詞]
私たちの顧客に適切な助言を行うことこそ、私たちの会社の使命です。

第7課 前置詞と定冠詞の融合形・前置詞の熟語表現

前置詞と定冠詞の融合形：一部の前置詞と定冠詞を組み合わせて融合形を作ることができます。

an dem→am, an das→ans, auf das→aufs, für das→fürs, in dem→im, in das→ins, über das→übers, um das→ums, von dem→vom, zu dem→zum, zu der→zur など。

Am Freitag fährt Maria ans Meer. Dort bleibt sie übers Wochenende.
金曜日にマリアは海に出かけます。彼女はそこで週末を過ごします。

融合形にすると、定冠詞の持つ「その」の意味が弱まります。定冠詞の「その」の意味を強調したい場合は、融合形を用いずに別々にします。

Ich gehe morgen zum Arzt.　私は明日医者に行く。（どの医者かは関係ない）
Ich gehe morgen zu dem Arzt.　私は明日その医者に行く。

前置詞の持つ本来の意味合いが薄れ、動詞と前置詞の結びつきによって独自の意味を持つ熟語表現を作ることもできます。

auf ... warten　～を待つ
auf ... ankommen　～次第である、～にかかっている
es geht um ...　テーマは～である
sich^4 auf ... freuen　～を楽しみにしている
sich^4 über ... freuen　～を喜んでいる
sich^4 mit ... beschäftigen　～に取り組んでいる
sich^4 für ... interessieren　～に興味を持っている
sich^4 an ... erinnern　～を思い出す、～を覚えている
sich^4 bei ... melden / sich^4 an ... wenden　～に連絡を取る

Es kommt auf die Wetterlage an, ob wir morgen auf das Matterhorn steigen können.
明日マッターホルンに登れるかどうかは、気象状況次第である。
Entschuldigen Sie bitte, dass ich mich so plötzlich an Sie wende.
このように突然あなたにご連絡を差し上げてしまい、すみません。

練習問題 レベル 1 2 3

[　　] の前置詞を融合形にして(　　) に入れてみよう。

❶ Es wäre besser, vor dem Abschicken der Unterlagen (　　) Sicherheit eine Kopie zu machen. [zu]
書類を送る前に、念のためコピーを取ったほうがいいですよ。

❷ (　　) Sommer genießt man in Deutschland oft Grillpartys. [in]
ドイツでは夏によくバーベキューパーティーを楽しみます。

❸ Die Pandemie dauert voraussichtlich bis (　　) Ende des Sommers. [zu]
疫病の流行は、夏の終わり頃まで続く見通しだ。

❹ (　　) Internet befinden sich viele falsche Informationen, worauf man immer achten muss. [in]
インターネットには、誤った情報がたくさんあり、これには注意が必要だ。

❺ Für Ihre Unterstützung bedanke ich mich bei Ihnen (　　) Herzlichste. [auf]
あなたのご支援に、心から感謝申し上げます。

❻ Immer weniger Zeit nimmt man sich heutzutage (　　) Essen und Trinken. [für]
こんにち、食事に割かれる時間がますます少なくなっている。

❼ Die Protestbewegung hat sich schnell (　　) Land verbreitet. [in]
抗議運動は、すぐに国じゅうに広まった。

❽ Hast du (　　) Freitagabend Zeit? Wollen wir (　　) Kino gehen? [an/in]
金曜の夜、時間はあるかい？　映画に行こうよ。

❾ Wohin fahren wir (　　) Wochenende? In die Berge oder (　　) Meer? [an/an]
週末はどこへ出かけようか？　山に行く、それとも海に行く？

❿ Das unhöfliche Benehmen des Kellners hat die Kunden (　　) Toben gebracht. [zu]
そのウエイターの失礼な振舞いは、お客たちを激怒させた。

⓫ Wie kommst du (　　) Uni, wenn es regnet? [zu]
雨が降ったら、君はどうやって大学に来るの？

練習問題 レベル 1 2 3

熟語表現に注意して、(　　)に定冠詞を入れてみよう。

❶ Ob mein Flieger starten kann, hängt von (　　) Windstärke ab.
私の乗る飛行機が離陸できるかどうかは、風の強さにかかっている。

❷ Auch die neuen Beweise konnten den Richter von (　　) Unschuld des Angeklagten nicht überzeugen.
新証拠をもってしても、被告人の無実を裁判官に説得することはできなかった。

❸ Wir sind alle mit (　　) Ausrede des Politikers gar nicht zufrieden.
私たちはみな、その政治家の言い逃れに全く満足していない。

❹ Sagen Sie bitte mal, warum Sie sich um (　　) Stelle des Redakteurs beworben haben.
なぜあなたが編集者のポストに応募されたのか、教えてください。

❺ Beim Überqueren der Straße muss man auf (　　) schnell fahrenden Autos achten.
その通りを横断する際には、スピードの速い車に注意しなくてはならない。

❻ Auf dieser Autobahnstrecke muss man auf (　　) Blitzer aufpassen.
この高速道路の区間では、速度取り締まりカメラに注意しなくてはいけません。

❼ Wir informieren Sie jetzt über (　　) Termine der nächsten Sitzungen.
次回以降の会議の日程について、これからご案内します。

❽ Die Anhänger von Dortmund sind auf (　　) Spiel gegen Bayern München sehr gespannt.
ドルトムントのファンたちは、バイエルン・ミュンヒェンとの試合にわくわくしている。

❾ In der Zeit vor dem Mauerfall waren die Westberliner von (　　) Wehrpflicht befreit.
ベルリンの壁崩壊前の時代、西ベルリンの市民は兵役義務を免除されていた。

❿ Wie bist du auf (　　) Idee gekommen, ausgerechnet in dieser Zeit nach Polen zu fahren?
よりにもよってこの時期にポーランドに行こうなんて、どうしてそんな考えに至ったんだ？

⓫ Entschuldigung, kann ich die Tasche in (　　) Hand nehmen und sehen, ob sie mir steht?
すみません、そのカバンを手に取ってみて、私に似合っているか見てもいいですか？

⓬ Wie geht es Ihnen? Haben Sie sich langsam an (　　) neue Leben in Hamburg gewöhnt?
調子はいかがですか？　そろそろハンブルクでの新しい暮らしには慣れましたか？

練習問題 レベル 1 2 3

前置詞の格支配に注意して（　　）に定冠詞との融合形を入れてみよう。

❶ (　　) Szenenwechsel gibt es eine längere Pause. Da kann man (　　) Foyer etwas essen und trinken. [bei / in]
舞台の切り替えの際、長めの休憩があります。そのときにホワイエで飲食ができます。

❷ Nach der Geburt seines Kindes ist das Ehepaar (　　) Land gezogen. [auf]
子供が生まれた後、その夫婦は田舎に引っ越した。

❸ Für weitere Fragen stehen wir jederzeit (　　) Verfügung. [zu]
さらなるご質問がありましたら、私たちはいつでもお答えいたします。

❹ Fahr noch langsamer! Du darfst unser Leben nicht (　　) Spiel setzen. [auf]
もっとゆっくり走ってよ。僕たちの命を危険にさらしてはいけないよ。

❺ Was liegt Ihnen (　　) Herzen? – Für mich ist die Familie wichtig.
あなたにとって何が大切ですか？－私にとっては家族が大切です。

❻ Du darfst Paula nicht (　　) Narren halten. Sonst würdest du Öl (　　) Feuer gießen. [zu / in]
パウラをからかってはいけないよ。さもないと火に油を注ぐことになるよ。

❼ Heiko arbeitet nun sehr konzentriert. Du solltest ihm (　　) Leib bleiben. [von]
ハイコは今とても集中して作業している。君は彼に近づかないほうがいい。

❽ Er hat online die Katze (　　) Sack gekauft. Was er bekam, hat er sich ganz anders vorgestellt. [in]
彼はよく考えずにネットで買い物をした。それゆえ彼が受け取ったものは、彼がイメージしていたものとは異なっていた。

❾ Die Niederlage (　　) Spiel gegen Bayern ist den Anhängern (　　) Gemüt geschlagen. [bei / auf]
バイエルンとの試合に敗北したことは、ファンたちを落胆させた。

❿ Ich habe verschlafen. Aber (　　) Glück hatte der Zug eine große Verspätung, so dass ich ihn noch erwischen konnte. [zu]
私は寝坊してしまった。だが幸運にも列車が大幅に遅れており、それに乗ることができた。

第8課 前置詞の格支配

前置詞は、名詞や代名詞の前に置かれて、時や場所、因果関係などを表します。ドイツ語の前置詞には、特定の格を要求する「格支配」がありますので、後に続く名詞の性や数に応じた冠詞や代名詞の変化が必要になります。

2格支配の前置詞：aufgrund（～の理由により）, infolge（～の結果）, trotz（～にもかかわらず）, während（～の間じゅう）, wegen（～ゆえに）など

Trotz **des** Regens kam der Bus pünktlich am Hauptbahnhof an.

雨にもかかわらず、バスは中央駅に時刻通りに到着した。

3格支配の前置詞：aus（～の中から）, bei（～のもとで、～の際に）, mit（～と一緒に、～で）, nach（～の後で）, seit（～以来）, von（～の、～から）, zu（～へ）

Seit **einem** Monat wohnt mein Bruder bei **seiner** Freundin.

1か月前から、私の兄はガールフレンドのところで暮らしている。

4格支配の前置詞：bis（～まで）, durch（～を通って）, für（～のために）, gegen（～に対抗して）, ohne（～なしに）, um（～の周りに）など

Gehen Sie um **die** Ecke. Da sehen Sie die Post.

そこの角を曲がってください。すると郵便局が見えます。

3・4格支配の前置詞：an（～のそば）, auf（～の上）, hinter（～の後ろ）, in（～の中）, neben（～の隣）, über（～の上方）, unter（～の下）, vor（～の前）, zwischen（～の間）

静止・動作が行われる場所を表すときは3格を、動作の向かう方向を表すときは4格を伴います。

Ingrid lernt fleißig in **der** Bibliothek.

イングリットは、図書館で熱心に勉強している。←勉強が図書館の中で行われるので3格

Johann geht nach dem Seminar in **die** Bibliothek.

ヨハンは、ゼミの後で図書館に出かける。←これから図書館の中に向かうので4格

練習問題 レベル 1 2 3

前置詞の格支配に注意して（　　）に定冠詞を入れてみよう。

❶ Herr Lehmann kommt aus (　　) Schweiz, wohnt aber schon lange in Stuttgart.
レーマン氏はスイスの出身だが、すでに長い間シュトゥットガルトに住んでいる。

❷ Wie komme ich am besten zu euch? Mit (　　) Bus oder mit (　　) U-Bahn?
君たちのところにどうやって行ったらいいかな？バスで、それとも地下鉄で？

❸ Nach (　　) neuesten Bericht soll die Arbeitslosenquote wieder gesunken sein.
最新の報告によれば、失業率が再び減少したとのことだ。

❹ Wegen (　　) Unwetters wurde der Film im Freiluftkino auf (　　) kommende Wochenende verschoben.
悪天候により、野外での映画上映は来週末に延期されました。

❺ Das Rathaus wurde durch (　　) Bombenangriff stark beschädigt.
市庁舎は爆撃によって激しく損傷した。

❻ Für (　　) Abitur hat Sascha recht viel gelernt.
高校卒業試験のために、ザシャは実によく勉強した。

❼ Infolge (　　) Steuersenkung hat sich die Konjunktur wieder verbessert.
減税の結果、景気が再びよくなった。

❽ Während (　　) Sommerferien jobbt Alex fast jeden Tag.
夏季休暇の間、アレックスはほぼ毎日アルバイトをしている。

❾ Nach (　　) neuesten Statistiken sind die Verbraucherpreise um 8 Prozent gestiegen.
最新の統計に従えば、消費者物価は8パーセントも上昇した。

❿ Dank (　　) Stipendiums konnte Sabine ihr Studium fortsetzten.
奨学金のおかげでザビーネは大学での勉強を継続できた。

⓫ Mika arbeitet als Zugbegleiterin bei (　　) Deutschen Bahn.
ミカは車掌としてドイツ鉄道で働いている。

⓬ Seit (　　) Mauerfall sind schon über 30 Jahre vergangen.
ベルリンの壁が崩壊して、すでに30年以上がたちました。

⓭ Früher fuhr die Buslinie 100 durch (　　) Brandenburger Tor.
以前は100番のバスがブランデンブルク門を通り抜けて走っていた。

⓮ Die Regierung trifft alle möglichen Maßnahmen gegen (　　) Pandemie.
政府は、感染症を防ぐためにあらゆる措置を講じている。

練習問題 レベル 1 2 **3**

前置詞の3・4格支配に注意して（　　）に定冠詞を入れてみよう。

❶ Siehst du da oben auf (　　) Berg eine Hütte? Bis dorthin wandern wir heute.
あそこの山の上に山小屋があるのが見える？　今日はそこまで歩くよ。

❷ Fährst du diesen Winter nicht in (　　) Schweiz?
— Nein, ich fahre in (　　) Niederlande.
君はこの冬はスイスに行かないの？　—うん、僕はオランダに行くんだ。

❸ Die Kistlers besitzen eine kleine Villa an (　　) Ostsee.
キストラー一家は、バルト海に小さな別荘を持っている。

❹ Heute ist der 8. Mai. An (　　) Tag vor über 70 Jahren hat Deutschland kapituliert.
今日は5月8日です。70年以上前のこの日、ドイツは降伏しました。

❺ Das Café Bauer gefällt Herrn Richter am besten. Sonntags geht er immer in (　　) Café.
カフェ「バウアー」はリヒター氏の一番のお気に入りだ。彼は日曜日、いつもそのカフェに行く。

❻ Zwischen (　　) zweiten und (　　) dritten Akt gibt es zwanzig Minuten Pause.
第二幕と第三幕の間に20分間の休憩があります。

❼ Wenn Sie länger schlafen möchten, dann hängen Sie das Schild „Bitte nicht stören“ an (　　) Tür.
あなたが長く眠りたいのでしたら「邪魔しないでください」というプレートをドアに掛けておいてください。

❽ Man darf nichts vor (　　) Notausgang stellen. Bei einem Brand kann man sonst nicht aus dem Haus kommen.
非常口の前に何も置いてはいけません。さもないと、火災の際に建物から出られなくなります。

❾ Wollen wir vor (　　) Aufführung etwas essen?
上演の前に、何か食べましょうか？

❿ An (　　) Infotafel hängt ein Zettel. Da steht Folgendes: „Mitbewohner gesucht“.
情報掲示板にメモが掛かっていて、そこには「同居人募集」と書いてある。

⓫ Kaum öffneten die Türen, strömten die Passagiere schnell in (　　) Zug.
ドアが開くとすぐに、乗客はどっと列車内になだれ込んだ。

⓬ Gibt es hier in (　　) Nähe eine Post?
この近くに郵便局はありませんか？

⓭ Kannst du die Decke auf (　　) Tisch legen?
テーブルクロスを机の上に掛けてくれない？

練習問題 レベル 1 2 3

日本語の意味に合うように、[ ] に前置詞を、( ) に定冠詞を入れてみよう。

❶ „Motz“ ist eine der Straßenzeitungen Berlins, die [ ] Obdachlosen [ ] ( ) Straße verkauft werden.
「モッツ」はホームレスの人々により路上で販売される、ベルリンのストリート新聞の一つだ。

❷ [ ] ( ) heutigen Zeitung steht ein kleiner Artikel [ ] ( ) gestrige Konzert.
今日の新聞に、昨日のコンサートに関する小さな記事が載っている。

❸ [ ] ( ) Angriff Russlands auf die Ukraine sind viele Bürger [ ] ( ) Straße gegangen und haben [ ] ( ) Krieg protestiert.
ロシアによるウクライナ攻撃の後、多くの市民が路上に繰り出して、戦争に抗議した。

❹ Um die Weinflaschen zu holen, ging Leon [ ] ( ) Keller.
ワインのボトルを取りに、レオンは地下室に入って行った。

❺ Seine Reportage [ ] ( ) Armut alleinerziehender Mütter war eindrucksvoll.
シングルマザーたちの貧困に関する彼のルポルタージュは印象的だった。

❻ Tobias, gehst du wieder [ ] ( ) Disko und tanzt [ ] ( ) Nacht?
トビアス、君はまたディスコに行って、一晩中踊るのかい？

❼ [ ] ( ) Apotheke am Marktplatz ist ein neuer Blumenladen eröffnet worden.
マルクト広場の薬局の隣に、新しい花屋がオープンした。

❽ Der Bürgermeister steht oft [ ] ( ) Wählern in Kontakt, damit er ihre Vorschläge [ ] ( ) Praxis umsetzen kann.
有権者の提案を実行に移せるよう、市長は彼らと頻繁に連絡を取り合っている。

❾ [ ] ( ) Pandemie war die Wahlbeteiligung [ ] ( ) Kommunalwahl am Sonntag sehr hoch.
感染症の流行にもかかわらず、日曜日の地方選挙の投票率は高かった。

❿ Wollen wir zuerst [ ] ( ) Innenstadt bummeln?
まずは旧市街を散策してみない？

⓫ [ ] ( ) Umzug muss man Strom, Wasser und Gas abmelden.
引っ越しの前に、電気、水道、ガスの解約をしなくてはいけない。

第9課

動詞の格支配

行為や動作を表す品詞である動詞には、他動詞と自動詞があります。他動詞は、直接目的語＝4格の目的語「～を」を必要とします。自動詞は、目的語がなくても文を作ることができ、また3格の目的語や前置詞句とともに用いられます。特定の格を伴う「格支配」にも注意しましょう。

▼自動詞の例：

tanzen（踊る）, passen（～が…に合う）, helfen（～に力を貸す：3格支配）
Maria tanzt gern.　マリアは踊るのが好きだ。〔目的語なし〕
Die Hose passt mir gut.　そのズボンは私にはぴったりだ。〔間接目的語：3格〕
Hilfst du mir?　私を助けてくれる？〔間接目的語：3格〕

▼他動詞の例：

schenken（～を贈る）, besuchen（～を訪問する）, reparieren（～を修理する）
Dora schenkt ihrer Mutter eine Tasche.
ドーラは彼女の母親にカバンをプレゼントする。
Der Bundeskanzler besucht die Gedenkstätte.　首相はその追悼施設を訪問する。
Auch der Techniker kann diesen Computer nicht mehr reparieren.
その技術者でもこのPCをもはや修理することはできない。

非分離前綴りを用いて形容詞を動詞化したもの、自動詞を他動詞化したものは、いずれも4格の目的語を必要とします。
klein（小さい）→verkleinern（～を縮小する）
jm/auf ... antworten（～に答える）→beantworten（～に答える）
schwer（重い、困難な）→erschweren（～を困難にする）

動詞によっては、自動詞としても他動詞としても使われるものもあります。
fahren（自動詞：乗り物で行く、他動詞：～を運転する）
Simon fährt morgen nach Leipzig.　ズィーモンは明日ライプツィヒに行く。
Leon fährt gern Fahrrad.　レオンは自転車に乗るのが好きだ。

練習問題 レベル 1 2 3

格に注意して（　）に定冠詞を入れてみよう。

❶ Ich schicke (　) Kunden gleich einen Kostenvoranschlag.
すぐそのお客さんに見積書を送ります。

❷ Geben Sie mir bitte (　) Zimmerschlüssel, wenn Sie ausgehen.
お出かけの際は鍵をお渡しください。

❸ Wir möchten getrennt zahlen. Und ich bezahle (　) Schnitzel und (　) kleine Bier.
会計を別々でお願いします。私はカツレツとビールの小（の代金）を払います。

❹ Obwohl er der Entwickler dieser Technik ist, gehört das Patent (　) Projektleiter.
彼がこの技術の開発者であるのに、その特許はプロジェクトリーダーのものである。

❺ Offensichtlich hat mein Kuchen (　) meisten Gästen geschmeckt.
どうやら私のケーキは、大半のお客さんたちの口に合ったようだった。

❻ Sag einfach, was passiert ist. Du musst mir (　) Wahrheit sagen.
何が起きたのか、とにかく教えてよ。君は僕に真実を言わないといけない。

❼ Papa, kannst du mir (　) Salz da geben?
パパ、そこにあるお塩を取ってくれない？

❽ Wem gehört die Tasche? (　) alten Dame dort vielleicht?
このカバンは誰のものだろう？　あそこにいる高齢の女性のものかな？

❾ Frau Berger, können Sie bitte (　) Unterlagen kopieren?
ベルガーさん、これらの書類をコピーしていただけませんか。

❿ Wer zuletzt (　) Zimmer verlässt, soll (　) Klimaanlage ausmachen.
最後に部屋を出る人には、エアコン（のスイッチ）を切っていただきたい。

⓫ Keiner der dort anwesenden Politiker konnte (　) Frage des Wählers beantworten.
そこにいた政治家たちの誰も、その有権者の質問に答えられなかった。

⓬ Der Taifun nähert sich (　) chinesischen Festland.
台風が中国本土に接近している。

⓭ Das Forscherteam hat (　) neuen Corona-Impfstoff entwickelt.
その研究チームは、新しいコロナワクチンを開発した。

練習問題 レベル 1 2 3

格に注意して（　）に適切な人称代名詞を入れてみよう。

❶ Kannst du (　) kurz helfen?
私をちょっと手伝ってくれませんか？

❷ Die Rede des Bundespräsidenten hat (　) tief bewegt.
連邦大統領のその演説は、私たちを深く感動させた。

❸ Schön, dass du das Stipendium bekommen hast. Ich gratuliere (　).
奨学金がもらえてよかったね。おめでとう（君に祝福を送るよ）。

❹ Ihr Bruder ist (　) sehr ähnlich, nicht wahr?
あなたのお兄さんは、あなたによく似ていますね。

❺ Warum esst ihr so wenig? Schmeckt (　) das Essen nicht?
どうして君たちはそんなに食べないの？　（君たちには）ご飯がおいしくないの？

❻ (　) fällt keine gute Lösung ein. Habt ihr vielleicht eine Idee?
私にはいい解決策が思いつかないんだけど。君たちは何かアイデアはある？

❼ Können Sie (　) morgen um 6 Uhr wecken?
明日６時に私を起こしていただけませんか？

❽ Wollen wir morgen wieder skypen? Wann passt es (　)?
明日またスカイプで会話しよう。いつなら君に都合がいい？

❾ Ich glaube, dass die Diagnose der Ärztin stimmt. Wir können (　) vertrauen.
その女医の診断は正しいと思う。私たちは彼女を信頼できる。

❿ Beim Schiffsunglück rettete (　) ein Taucher. Ich bin (　) ewig zu Dank verpflichtet.
船舶事故の際、一人のダイバーが私を救ってくれた。私は彼にいつも感謝している。

⓫ Wo sind Fabian und Rita? Hast du (　) irgendwo gesehen?
— Ja, auf dem Weg zu dir bin ich (　) begegnet.
ファビアンとリータはどこかしら？　君はどこかで彼らを見かけた？
—ええ、君のところに来る途中で彼らに出会ったわよ。

⓬ Jetzt teile ich (　) was ganz Wichtiges mit. Hört (　) bitte zu!
これから君たちにとても大事なことを伝えます。よく聞いてください！

⓭ Es freut (　) sehr, (　) hier in Berlin begrüßen zu können.
ここベルリンであなた方をお迎えでき、私たちは嬉しいです。

練習問題 レベル 1 2 3

格に注意して（　　）に定冠詞または不定冠詞を入れてみよう。 ＊日本語の「に」「を」とドイツ語の格が一致しないものに注意。

❶ Weil ich den Weg zum Bahnhof nicht kannte, habe ich (　　) Passanten danach gefragt.
駅までの道がわからなかったので、私は一人の歩行者にそれをたずねた。

❷ Weißt du vielleicht, ob Martha (　　) Prüfung bestanden hat?
マータがその試験に合格したかどうか、知ってる？

❸ Der Lehrer hat (　　) Schüler ermahnt, mit der Nutzung des Smartphones aufzuhören.
教師は一人の生徒に、スマートフォンの使用をやめるように注意した。

❹ Wir verstehen nicht, warum Richard so (　　) Dummheit begangen hat.
なぜリヒャルトがそんなバカなことをしでかしたのか、理解できない。

❺ Du solltest besser vorher (　　) Arztpraxis anrufen und (　　) Termin vereinbaren.
診療所に事前に電話をしてアポを取ったほうがいいよ。

❻ Um länger in Deutschland bleiben zu können, musst du (　　) Visum beantragen.
ドイツにより長い間滞在するためには、ビザを（一つ）申請しなくてはいけないよ。

❼ Der Rechtsanwalt berät (　　) Besitzer der kleineren Unternehmen über die Steuererklärung.
その弁護士は中小企業の社長たちに、税金の申告についての助言を行っている。

❽ Wenn die Corona-Welle noch andauert, muss man (　　) andere Möglichkeit erwägen.
コロナ禍がまだ続くようであれば、ある別の可能性を検討しなくてはならない。

❾ Galileo Galilei bestritt (　　) geozentrische Weltbild.
ガリレオ・ガリレイは、天動説に対して反証を行った。

❿ Das Essen war sehr gut. Was aber (　　) Zimmer angeht, ist das Hotel verbesserungsbedürftig.
食事はとてもよかった。ただ部屋に関していえば、このホテルは改善の余地がある。

⓫ Ab und zu unterrichtet der Professor (　　) Ausländer ehrenamtlich.
たまにその教授はその外国人たちに無償で授業をする。

⓬ Der Finanzminister hat gestern bei der Pressekonferenz (　　) alternative Steuerreform erwähnt.
財務大臣は昨日の記者会見で、ある別の税制改革の案について言及した。

第10課 定冠詞類の格変化

定冠詞類は、定冠詞（der, des, dem, den）に準じる格変化をする冠詞類で、同じく名詞の前に置かれ、「この～、あの～、どの～」などを表します。定冠詞類も、後に置かれる名詞の性・数、文中での格に応じて変化します。

名詞の性（男性・女性・中性）と、1格（主格：～が）・2格（属格：～の）・3格（与格：～に）・4格（対格：～を）に応じて、不定冠詞は以下の表のように変化します。

この dieser　あの jener　すべての aller　どの～？ welcher

そのような solcher　いくつかの mancher　あらゆる jeder

	男性名詞	女性名詞	中性名詞	複数形
1格	dieser	diese	dieses	diese
2格	dieses	dieser	dieses	dieser
3格	diesem	dieser	diesem	diesen
4格	diesen	diese	dieses	diese

	男性名詞	女性名詞	中性名詞	複数形
1格	welcher	welche	welches	welche
2格	welches	welcher	welches	welcher
3格	welchem	welcher	welchem	welchen
4格	welchen	welche	welches	welche

女性1格

Welche Kaffeesorte schmeckt Ihnen am besten?

どの種類のコーヒーが、あなたのお口に合いますか？

中性3格　男性4格

In **diesem** großen Theater findet fast **jeden** Abend eine Opernaufführung statt.

この大きな劇場では、ほぼ毎晩、オペラの上演があります。

＊定冠詞類＋形容詞＋名詞の場合、形容詞は弱変化します。（→22課）

＊時を表す場合には、4格を用います。（→6課）

練習問題 レベル 1 2 3

[　　] 内の定冠詞類を変化させて (　　) に入れましょう。

❶ Das Schloss Neuschwanstein wird von Touristen aus (　　) Welt besucht. [aller]
ノイシュヴァンシュタイン城は、世界中からの旅行客によって訪問されています。

❷ Die Erde dreht sich um die Sonne und nicht umgekehrt. Das weiß (　　) Kind. [jeder]
地球が太陽の周りを回っていて、その逆ではない。そんなことはどんな子供でも知っている。

❸ (　　) Zug endet hier. Wir bitten (　　) Fahrgäste, hier auszusteigen. [dieser / aller]
この列車はここが終点です。すべての乗客の皆さんにお降りいただくようお願いします。

❹ Seine Aussagen sind in (　　) Hinsicht nicht konsequent. Deshalb kann ich ihm nicht glauben. [mancher]
彼の言うことはいくつかの点で首尾一貫性がない。よって私は彼を信用することができない。

❺ Ach so, Sie sind aus Japan. Aus (　　) Stadt kommen Sie? [welcher]
へえ、あなたは日本から来たんですか。どの町のご出身ですか？

❻ Es ist in (　　) Hinsicht unmöglich, so viele Aufgaben innerhalb von drei Tagen zu erledigen. [jeder]
こんなに多くの仕事を3日以内に片づけることは、あらゆる観点からみて不可能だ。

❼ Wenn du dich für Kunst interessierst, dann besuch in München (　　) Museen: die Alte Pinakothek, die Neue Pinakothek und die Pinakothek der Moderne. [dieser]
芸術に興味があるなら、ミュンヒェンでは次の美術館を訪問してみてよ:アルテ・ピナコテーク、ノイエ・ピナコテーク、それにピナコテーク・デア・モデルネを。

❽ Gibt es noch zwei Karten für heute Abend?
— Leider sind (　　) Plätze ausverkauft. [aller]
今晩のチケットはまだ２枚ありますか？－残念ながら、すべての席が完売しています。

❾ Ich glaube nicht, dass Peter uns angelogen hat. Wer sagt (　　) Unsinn? [solcher]
ペーターが僕たちに嘘をついたとは思わない。誰がそんな馬鹿なことを言っているんだ？

❿ (　　) Wein empfehlen Sie, wenn ich als Hauptgericht ein Lachsfilet nehme?
メインにサケの切り身を注文するなら、あなたはどんなワインをお勧めしますか？ [welcher]

⓫ Kann ich auch (　　) Rotwein da oben ganz rechts probieren? [jener]
上の一番右にある、あの赤ワインを試飲することはできますか？

⓬ Die Mehrheit im Parlament war für die Sanktion gegen Russland. Aber (　　) Abgeordnete waren dagegen. [mancher]
議会の多数派は、ロシアに対する制裁に賛成だった。しかし幾人かの議員はそれに反対した。

練習問題
レベル 1 2 3

日本語の意味に合う定冠詞類を考え、変化させて ( ) に入れましょう。

❶ Als die Berliner Mauer fiel, war ich erst fünfzehn. Zu ( ) Zeit konnte ich nicht richtig verstehen, was eigentlich los war.
ベルリンの壁が崩壊したとき、私はまだ15歳だった。あの当時、私は何が起こっているのかはっきりとは理解できなかった。

❷ Ganz Deutschland wurde in der Kriegszeit zerbombt. Aber ( ) Städte sind den Luftangriffen entkommen.
戦争中、ドイツの至る所が爆撃された。だが、いくつかの町は空襲を免れた。

❸ ( ) Fahrrad gehört dir? ( ) hier?
どの自転車が君のものですか？　ここにあるこれですか？

❹ Also, Sie haben Ihr Handy im ICE verlegt. Erinnern Sie sich noch, ( ) Nummer der ICE hatte und in ( ) Wagon Sie waren?
つまりあなたは携帯電話を車内に置き忘れたのですね。ICEの何号だったか、また何号車にお座りだったか、覚えていますか？

❺ Was er als Zeuge ausgesagt hat, ist in ( ) Punkten nicht überzeugend.
彼が証人として語ったことは、いくつかの点では説得力のあるものではない。

❻ Generell kann man sagen, dass ( ) Anfang schwer, aber wichtig ist.
一般的に、何事も始まりが（＝すべての始まりが）難しいが肝心であると言える。

❼ Mit ( ) Verkehrsmittel fahren Sie zur Arbeit?
どの交通機関を使ってあなたは仕事に行きますか？

❽ Wie viel kostet die Tasche? — ( ) hier? Sie kostet 35 Euro.
このカバンはいくらですか？ —これですか？ それは35ユーロです。

❾ Blüh im Glanze ( ) Glückes, blühe, deutsches Vaterland!
この幸福の輝きの中で栄えよ、栄えよドイツの祖国よ！（ドイツ国歌より）

❿ Im Ostteil Berlins gibt es viele Plattenbauhäuser. ( ) Gebäude sehen gleich aus.
ベルリンの東地区には多くの集合住宅がある。すべての建物が同じに見える。

⓫ ( ) Hose passt zu ( ) Hemd?
どのズボンがこのシャツに合いますか？

⓬ ( ) Abend geht Frau Stein ins Fitnessstudio.
シュタインさんは毎晩フィットネスに通う。

練習問題 レベル 1 2 3

（　）に定冠詞類を、[　] には形容詞の変化語尾を入れましょう。

❶ (　　) Hemd steht mir besser? (　　) grau[　　] hier oder das schwarze dort?
どのシャツが私により似合いますか？ このグレーのですか、それともあの黒いのですか？

❷ Was? Eine Praline kostet drei Euro? (　　) teur[　　] Schokolade habe ich noch nie gegessen.
何？ プラリネ（チョコ）1つ3ユーロだって？ そんな高いチョコ、今まで食べたことないよ。

❸ Als Nachkriegsgeneration dürfen wir (　　) dunkl[　　] NS-Zeit nie verharmlosen.
戦後世代の一員として、私たちはあの暗黒のナチ時代を美化してはなりません。

❹ Laut eines Medienberichts will (　　) fünft[　　] Russe im Ausland leben.
メディアの報道によれば、ロシア人の5人に1人が外国で暮らしたいと望んでいる。

❺ Wenn ich im Juli ins Saarland fahre, dann werde ich (　　) deutsch[　　] Bundesländer besucht haben.
7月にザールラントに行けば、私はすべてのドイツの州を訪れたことになる。

❻ An (　　) erst[　　] Sonntag ist das Museum Louvre eintrittsfrei.
毎月第一日曜日、ルーブル美術館は入場無料だ。

❼ Viele Menschen sehnen sich nach der Rückkehr zu (　　) pandemiefrei[　　] Welt vor 2019.
多くの人々が、感染症のない2019年以前のあの世界に戻りたいと願っている。

❽ Von wem wurde (　　) schön[　　] Gedicht geschrieben?
この素敵な詩は、誰によって書かれたのですか？

❾ Mein Gott, mir wurde die Tasche gestohlen. In der Tasche hatte ich (　　) Wichtig[　　].
なんてこった。カバンを盗まれた。そのカバンには大事なものが全部入っていたのに。

❿ (　　) deutsch[　　] Autos verkaufen sich in Japan gut? Mercedes, VW oder BMW?
どんなドイツ車が日本ではよく売れていますか？
メルセデスですか、フォルクスワーゲンですか、それともBMWですか？

⓫ „Wintergarten“ ist der Name (　　) legendär[　　] Theaters, wo man heute noch spektakuläre Shows genießen kann.
「ヴィンターガルテン」とは、かの伝説的な劇場の名前で、そこでは今日でも派手なショーを楽しむことができます。

第11課 否定冠詞の格変化

否定冠詞keinは、①無冠詞の名詞を否定するとき、②不定冠詞einの付いた名詞を否定するときに用いられます。keinは、以下のように変化します。不定冠詞einと異なり、複数の名詞にもつけることができます。

	男性名詞	女性名詞	中性名詞	複数形
1格	kein Mann	keine Frau	kein Kind	keine Kinder
2格	keines Mann**es**	keiner Frau	keines Kind**es**	keiner Kinder
3格	keinem Mann	keiner Frau	keinem Kind	keinen Kinder**n**
4格	keinen Mann	keine Frau	kein Kind	keine Kinder

Hast du Lust, mit uns in die Kneipe zu gehen? 君は、僕たちと飲みに行く気はある?
→Hast du **keine** Lust, mit uns in die Kneipe zu gehen? 君は僕たちと飲みに行く気はないの?
(女性名詞Lustは抽象名詞のため、冠詞類を伴わずに用いられることが多い。ここでは動詞habenの目的語なので、否定冠詞の女性4格keineを使って否定文にする)

Haben Sie einen Stift dabei? あなたはいまペンをお持ちですか?
→Haben Sie **keinen** Stift dabei? あなたはいまペンをお持ちではないのですか?
(Stiftに掛かる不定冠詞の男性4格のeinenを否定するので、keinの男性4格keinenを用いる)

定冠詞や所有冠詞のついた名詞の否定には、keinではなくnichtを用います。
Hast du das Buch gekauft? 君はその本を買ったの?
→Hast du das Buch **nicht** gekauft? 君はその本を買わなかったの?
Ist das deine Jacke? これは君のジャケットですか?
→Ist das **nicht** deine Jacke? これは君のジャケットではないのですか?

「否定冠詞+形容詞+名詞」の場合の形容詞の語尾変化:keinは不定冠詞類のため、混合変化となります。
Kein einziges Mal bin ich mit Alkohol am Steuer gewesen.
私は飲酒運転をしたことはただの一度もない。

練習問題 レベル 1 2 **3**

（　）に否定冠詞keinを適切な形にして入れてみよう。

❶ Leider habe ich heute (　　) Zeit, mit euch Fußball zu spielen.
残念ながら、今日は君たちとサッカーをする時間がないんだ。

❷ Ich kann (　　) Wagen mieten, denn ich habe (　　) Führerschein.
私は免許証を持っていないので、レンタカーを借りることができません。

❸ Wir haben (　　) Ahnung, wo Bertha jetzt arbeitet.
ベアタが今どこで働いているか、私たちにはわからない。

❹ In Deutschland sind sonntags (　　) Geschäfte offen. Man muss samstags einkaufen.
ドイツでは日曜日はどの店も開いていない。人々は土曜日に買い物をしなくてはいけない。

❺ Es wird heute warm. Du brauchst (　　) Jacke zu tragen.
今日は暖かくなるよ。上着を着ていく必要はないよ。

❻ Gibt es wirklich (　　) Platz mehr? Es müsste bestimmt noch ein paar freie Plätze geben.
本当に一席も空いていないのか？　きっといくつか空席があるに違いない。

❼ Es gibt immer mehr junge Familien in Deutschland, die (　　) Festnetz-Telefon zu Hause haben.
家に固定電話を置かない若い家族がドイツで増えている。

❽ Innerhalb der Länder des Schengener Abkommens gibt es (　　) Grenzkontrolle.
シェンゲン協定の締結国の間では、国境の検問を行っていない。

❾ Seit 2020 dürfen in Deutschland (　　) Plastik-Tüten mehr verteilt werden.
2020年以降、ドイツではビニール袋を配ってはいけなくなった。

❿ An der Erderwärmung besteht fast (　　) Zweifel. Aber über ihre Ursachen sind die Meinungen geteilt.
地球温暖化については、異論はほとんどない。だがその原因を巡って、意見が分かれている。

⓫ Der letzte Zug ist gerade abgefahren. Heute fährt (　　) Zug mehr.
最終列車がちょうど出て行ってしまった。今日はもう列車の運行はない。

⓬ Alex läuft mit schwankendem Schritt. Hat er wirklich (　　) Alkohol getrunken?
アレックスはよろけながら歩いているよ。彼は本当にお酒を飲んでいないのか？

⓭ Natascha ist sauer darauf, dass ihr Mann spät nach Hause kam, und findet bei ihm (　　) Gehör.
ナターシャは、夫の帰宅が遅いことに腹を立てている。彼女は彼に耳を貸そうとはしない。

練習問題 レベル 1 2 **3**

( ) に否定冠詞 kein か nicht を入れよう (kein の場合は適切な形で)。

❶ Ist das dein Laptop? — Nein, das ist ( ) mein PC. Er gehört meinem Bruder.
これは君のノートPC？—いえ、これは私のPCではないよ。兄のなんだ。

❷ Haben Sie ( ) Feuer? — Aber doch, bitte schön.
(タバコにつける) 火を持っていませんか？—ありますよ、どうぞ。

❸ Leider ist das ( ) das Buch, das ich für die Hausarbeit brauche.
残念ながら、これは私がレポートに必要としている本ではない。

❹ Möchtest du etwas trinken? — Nein, danke. Ich habe momentan ( ) Durst.
何か飲みたい？—いや、今は喉は渇いていないよ。

❺ Weil mein Großvater ( ) Handy hat, kann ich ihn nicht erreichen, wenn er unterwegs ist.
私の祖父は携帯電話を持っていないので、彼が外出していると連絡を取ることができない。

❻ Das ist ( ) das Bier, das ich bestellt habe.
これは、私が注文したビールではありません。

❼ Auch in Deutschland lesen viele junge Leute heute ( ) Zeitung mehr.
ドイツにおいても、こんにち多くの若者がもはや新聞を読まなくなっている。

❽ Haben Sie heute ein Zimmer frei? — Leider können wir ( ) Zimmer mehr anbieten.
今日一部屋空きはありますか？—残念ながら提供できるお部屋はございません。

❾ Nach Neapel zu fliegen war eigentlich ( ) mein Wunsch, aber mein Schätzchen wollte das.
ナポリに行くのは本来私の望みではなかったが、私のパートナーが行きたがっていた。

❿ Ab morgen gilt in Niedersachsen ( ) Maskenpflicht mehr.
明日からニーダーザクセン州ではマスク着用義務がなくなる。

⓫ Darf man hier nicht rauchen? — Nein, auf ( ) Fall.
ここではタバコは吸えないのですか？—ええ、絶対にダメです。

⓬ War das ( ) deine Idee, am Samstag einen Ausflug in die Berge zu machen?
土曜日に山に遠足に行くというのは、君のアイデアじゃなかったっけ？

⓭ War Ihre Einreise in Ordnung? Gab es ( ) Problem bei der Zollkontrolle?
入国は大丈夫でしたか。税関検査で問題はなかったですか？

⓮ Der alte Parteichef sagt, dass sein Rücktritt ( ) Zusammenhang mit der Affäre habe.
前党首は、彼の辞任はそのスキャンダルとは関係ないと言っている。

練習問題 レベル 1 2 **3**

（　）に否定冠詞keinの適切な形を、[　] に形容詞の語尾を入れよう。

❶ (　) ander[　] Athlet kann so schnell laufen wie Usain Bolt.
ウサイン・ボルトほど速く走れるアスリートはいない。

❷ Hast du Hunger? ― Nein, momentan habe ich (　) groß[　] Hunger.
君はお腹は空いてる？ーいや、今はそんなに空いてないよ。

❸ Ich finde es (　) schlecht[　] Idee, unser Almunitreffen online zu veranstalten.
我々の同窓会をオンラインで開催するというのは、悪いアイデアではないと思う。

❹ Drogen habe ich (　) einzig[　] Mal im Leben genommen.
私は生涯で一度も薬物を服用したことはない。

❺ Gegen die Erderwärmung können wir leider noch (　) wirksam[　] Maßnahmen treffen.
地球温暖化に対して、いまだに有効な対策を講じることができていない。

❻ Früher durften (　) höher[　] Gebäude gebaut werden als die Stadtkirche.
かつては、町の教会よりも高いいかなる建物も建ててはならなかった。

❼ Hätte es (　) groß[　] Stau gegeben, wären wir rechtzeitig angekommen.
大渋滞がなければ、私たちは時間通りに着いたのですけど。

❽ Laura kann noch (　) endgültig[　] Entscheidung treffen, ob sie ihren Arbeitsplatz wechselt.
転職するかどうかについて、ラウラはまだ最終的な決定ができない。

❾ Dank der Lockerung der Corona-Auflagen gibt es nun (　) groß[　] Hindernisse mehr, ins Ausland zu fahren.
コロナ規制の緩和のおかげで、外国に出かけるのにもはや大きな障害はない。

❿ Ich wohne wieder in Japan und habe (　) fest[　] Wohnsitz mehr in Deutschland .
私は再び日本に住んでいて、ドイツにはもう定住先がない。

⓫ Zwischen der deutschen und der elsässischen Küche gibt es (　) wesentlich[　] Unterschiede.
ドイツ料理とアルザス料理の間には、本質的な違いは何もない。

⓬ Wenn du jetzt einen Bus für morgen reservieren willst, findest du (　) billig[　] Ticket mehr.
明日のバスを予約しようとしても、安い切符はもう見つからないよ。

⓭ Für eine Zeremonie sollte man ordentlich gekleidet sein, aber ich habe (　) förmlich[　] Anzug.
そのセレモニーには正装で参加しないといけないが、私はフォーマルなスーツを持っていない。

第12課 所有冠詞の格変化

「私の本を」「君の母に」のように、もの・ことの所有者を表すのに用いられる冠詞が所有冠詞です。所有冠詞に続く名詞の性と数、格に応じて、不定冠詞に準じた変化をします（複数形にも付けられます）。

所有冠詞の種類：mein（私の）, dein（君の）, sein（彼の）, ihr（彼女の）, sein（それの）, unser（私たちの）, euer（君たちの）, ihr（彼ら・彼女ら・それらの）, Ihr（あなたの、あなた方の）

変化表（Ihrを例に）

	男性	女性	中性	複数
1格	Ihr Anzug	Ihre Hose	Ihr Hemd	Ihre Schuhe
2格	Ihres Anzugs	Ihrer Hose	Ihres Hemdes	Ihrer Schuhe
3格	Ihrem Anzug	Ihrer Hose	Ihrem Hemd	Ihren Schuhen
4格	Ihren Anzug	Ihre Hose	Ihr Hemd	Ihre Schuhe

注意したいのは、「私の」の「の」は2格ではなく、所有者を表す点です。「所有冠詞＋名詞」の格は、所有冠詞の後にくる名詞（もの・こと）の文中での役割に応じて変化します。

例：mein Vater「私の父」であれば格変化「父が・父の・父に・父を」の部分

（参考：不定冠詞einの変化）

1格	mein Vater	私の父が	ein Vater	ある父が
2格	meines Vaters	私の父の	eines Vaters	ある父の
3格	meinem Vater	私の父に	einem Vater	ある父に
4格	meinen Vater	私の父を	einen Vater	ある父を

unserやeuerの格変化においては、unsereをunsre、euereをeureのように省略して語調を整えることがあります。

Die Nikolaikirche ist das Wahrzeichen **unsrer** Stadt.

ニコライ教会は我々の町のランドマークです。

Da hinten sind **eure** Sitzplätze.　この後ろが君たちの座席です。

練習問題 レベル 1 2 3

名詞の性と格に注意して、所有冠詞meinを適切な形にして（　　）に入れよう。

❶（　　）Mutter arbeitet als Lehrerin an der Grundschule.
私の母は小学校で教師として働いています。

❷ Habe ich dir（　　）Freund noch nicht vorgestellt?
あなたに私の彼氏をまだ紹介していなかったっけ？

❸ Am Sonntagvormittag gehen（　　）Eltern in die Kirche.
日曜の午前中、私の両親は教会に行く。

❹ Die Geschichte（　　）Großvaters interessiert mich sehr.
私の祖父の経歴はとても興味深い。

❺ Verzeihung, Sie haben doch Recht. Das war（　　）Fehler.
すみません、あなたが正しいです。私が間違っていました。

❻ Aus（　　）Freundeskreis hat sich noch keiner mit dem Virus infiziert.
私の周りの友人には、まだそのウイルスに感染した人は誰もいない。

❼（　　）Erachtens wird sich die Konjunktur wieder langsam erholen.
私の見立てでは、景気は再び緩やかに回復していくと思いますよ。

❽ Diesen Sommer fahre ich mit（　　）Familie an die Ostsee.
この夏、私は家族を連れてバルト海に行きます。

❾ Ist das Ihr Gepäck? — Nein, das ist nicht（　　）Gepäck.
これはあなたの荷物ですか？ ―いえ、これは私の荷物ではありません。

❿ Zu（　　）Überraschung hat Georg das Staatsexamen bestanden, sogar mit guten Noten.
私が驚いたことに、ゲオルクはその国家試験に合格した、それもよい成績で。

⓫ Guten Tag,（　　）verehrten Damen und Herren.
こんにちは、私の親愛なる紳士淑女の皆さま。

⓬ Wegen des Staus hat die Fahrt doppelt so lange gedauert. Das war nicht（　　）Schuld.
渋滞のせいで来るのに倍の時間がかかってしまったんだ。それは僕のせいじゃない。

⓭ Hast du irgendwo（　　）Handy gesehen?
どこかで僕の携帯電話を見なかった？

⓮ Oh zittre nicht,（　　）lieber Sohn!
ああ、怖れないでもよいのです、いとしい私の息子よ！（『魔笛』のアリア）。

練習問題 レベル 1 2 **3**

(　　) に入る所有冠詞を考えて、適切な形にして入れてみよう。

❶ Studiert Lena Biologie? — Nein, (　　) Fach ist Chemie. Biologie studiert (　　) Schwester.
レーナは生物学を専攻しているの?−いや、彼女の専門は化学で、生物学は彼女の姉が専攻している。

❷ Ich wohne mit Heiko zusammen. (　　) Wohnung liegt in der Nähe vom Uni-Campus.
僕はハイコーと一緒に住んでいます。僕たちの住居は大学のキャンパスの近くです。

❸ Vielen Dank, dass ihr mich zu (　　) Hochzeitsparty eingeladen habt.
君たちの結婚パーティーに私を招待してくれてありがとう。

❹ Clara fährt mit (　　) Eltern in die Schweiz. Da wohnt (　　) Onkel.
クラーラは彼女の両親と一緒にスイスに行く。そこには彼女のおじが住んでいる。

❺ Was der Professor gesagt hat, konnte ich akustisch nicht verstehen, denn (　　) Stimme war so leise.
教授が言ったことが聞き取れなかったよ、彼の声がすごく小さかったからね。

❻ Die Frau in der Mitte des Fotos ist wohl (　　) Mutter, oder?
写真の真ん中の女性は、君のお母さんだよね?

❼ Es ärgert die Schüler, dass (　　) Lehrerin ihnen viele Hausaufgaben gibt.
(彼らの) 教師がたくさん宿題を出すことに、生徒たちは腹を立てている。

❽ Leider sind die Toiletten im Wagen 6 defekt. Wir bitten Sie um (　　) Verständnis.
6号車のお手洗いが故障しています。皆様のご理解をお願いいたします。

❾ Bitte schreiben Sie hier (　　) Namen und (　　) Adresse. Dann bitten wir Sie noch um (　　) Unterschrift.
こちらにあなたのお名前とご住所を記入してください。それからサインをお願い致します。

❿ Ich bin gegen die Erhöhung der Mehrwertsteuer. Wie ist (　　) Meinung?
私は付加価値税の引き上げには反対です。あなたのご意見はいかがですか?

⓫ Kann ich kurz (　　) Handy leihen? Der Akku (　　) iPhones ist leer.
あなたの携帯電話をちょっと貸してもらえませんか。私のiPhoneの電池がないのです。

⓬ Können wir uns vor (　　) Abreise noch einmal treffen?
君たちの出発前にもう一度会うことはできるかな?

⓭ Weihnachten verbringt man in Deutschland meistens mit (　　) Familie.
ドイツではたいてい、人々はクリスマスを家族とともに過ごす。

練習問題 レベル 1 2 3

(　　)に適切な所有冠詞を、[　　]に適切な形容詞の語尾を入れよう。

❶ Zur Grillparty am Samstag kommt Max mit (　　) neu[　　] Freundin.
土曜日のバーベキューパーティーに、マックスが新しい彼女を連れてくるってよ。

❷ Hier an dieser Stelle möchte ich Ihnen (　　) best[　　] Dank aussprechen.
この場で私は皆さんに、私の心からの感謝をお伝えしたいと思います。

❸ Es ist Wahnsinn, dass Patrik für die Reparatur (　　) alt[　　] Autos so viel Geld ausgibt.
パトリックがビンテージカーの修理にこんなにお金をつぎ込むなんて、ばかげているよ。

❹ Komm hierher, (　　) lieb[　　] Baby.
こっちにおいで、私のかわいい赤ん坊よ。

❺ Seit Jahren kümmert sich Beate um (　　) krank[　　] Vater.
ベアーテは数年前から、病気のお父さんの面倒を見ている。

❻ Vielen Dank für (　　) freundlich[　　] Unterstützung.
あなたの親切なご支援に対し、感謝申し上げます。

❼ Könnt ihr mir sagen, warum (　　) neu[　　] Kollege so plötzlich gekündigt hat?
君たちの新しい同僚がどうして仕事を辞めてしまったのか、教えてくれないかな？

❽ Ohne (　　) tatkräftig[　　] Hilfe hätte ich diese Arbeit nicht rechtzeitig beenden können.
君の強力な助けがなければ、私はこの仕事を時間内にやり遂げられなかったでしょう。

❾ Nun möchten wir Ihnen (　　) neust[　　] Laptop-Modell vorstellen.
これから私たちは、わが社の最新のノートPCのモデルをご紹介したいと思います。

❿ Leider ist der Pullover (　　) zwölfjährig[　　] Tochter etwas zu klein.
残念ながら、そのセーターは12歳の私の娘にはちょっと小さすぎる。

⓫ Bei (　　) dritt[　　] Versuch hat Jörg endlich das Staatsexamen bestanden.
3度目の挑戦で、イエルクはようやくその国家試験に合格した。

⓬ Meine Eltern möchten (　　) alt[　　] Ferienhaus in Oberbayern verkaufen.
私の両親はオーバーバイエルンにある彼らの古い別荘を売りたがっている。

第13課 不定代名詞の格変化

「だれか一人・何か一つ」を表すのが、不定代名詞のeiner / eine / ein(e)s です。英語のone of（複数形）に相当しますが、ドイツ語では、名詞の性と数、格に応じて変化します。

また、複数の人やものの「いく人か・いくつか」や、不可算名詞や抽象名詞の「いくつか」を表す際は、不定代名詞welcherを用います。通常、複数形で用いられますが、不可算名詞・抽象名詞の「いくつか」を表す際は単数形も用いられます。

	男性名詞	女性名詞	中性名詞
1格	einer	eine	ein(e)s
2格	eines	einer	eines
3格	einem	einer	einem
4格	einen	eine	ein(e)s

Früher war Bayern **eines** der mächtigsten Königreiche in den deutschsprachigen Gebieten. [中性1格]
かつてバイエルンは、ドイツ語圏で最も強大な王国の一つでした。
＊Früher war Bayern **ein Königreich der mächtigsten Königreiche** ...のein Königreichを、中性1格のeins/eines に置き換えた形。

特定の複数名詞を受けずにeiner / eineを単独で用いると「だれか一人」の意味となり、einsを単独で用いると「何か一つ」の意味となります。

Für die Teilnahme an der Party müssen sich nicht alle melden. Es reicht, dass **einer** bei der Anmeldung die Zahl der Begleitpersonen angibt. [男性1格](「一人」を表す)
パーティーの参加には全員の申し込みは必要ない。申し込み時に、一人が同伴者の数を申告すればそれで済みます。

	男性	女性	中性	複数
1格	welcher	welche	welches	welche
2格	welches	welcher	welches	welcher
3格	welchem	welcher	welchem	welchen
4格	welchen	welche	welches	welche

Da sind noch viele Stücke Käsekuchen übrig. Nimm einfach **welche** mit nach Hause. [複数4格]

まだチーズケーキのピースがたくさん余っているよ。いくつか家に持って帰りなよ。

＊Nimm einfach (einige) **Stücke vieler Stücke** mit nach Hause. [たくさんのピースのうちのいくつかのピースを家に持って帰りなよ] のStücke vieler Stückeを、welcherの複数4格welcheで代用。

不可算名詞や抽象名詞は、welcherを単数形でも用いることがあります。

Ich habe kein Kleingeld dabei. Hast du **welches**? [中性4格]

僕は細かいお金を持っていないんだけど、君は持っている？

＊Geldは中性名詞だが数えられないので、einesではなくwelchesを用いる。

練習問題 レベル 1 2 3

名詞の性と数に注意して、(　　) に不定代名詞の1格を入れてみよう。

❶ Freiburg im Breisgau ist (　　) der umweltfreundlichsten Städte Deutschlands.
ブライスガウ地方のフライブルクは、ドイツの環境先進都市の一つです。

❷ Philipp ist (　　) der wenigen Schüler, die schon als Kind Politiker werden möchten.
フィリップは、子供ながら政治家になりたいという数少ない生徒のうちの一人だ。

❸ Das Oktoberfest in München ist (　　) der bekanntesten Bierfeste der Welt.
ミュンヒェンのオクトーバーフェストは世界で最も有名なビール祭りの一つです。

❹ Opel ist (　　) der großen Autohersteller Deutschlands.
オペルはドイツの主要な自動車メーカーの一つです。

❺ Weißwurst, (　　) der bayerischen Spezialitäten, wird eigentlich vormittags verzehrt.
バイエルンの郷土料理の一つである白ソーセージは、本来午前中に食べられるものである。

❻ Omikron, (　　) der Virusvarianten, verbreitete sich 2022 auf der ganzen Welt.
ウイルスの変異種の一つであるオミクロン株は2022年に世界中に広まった。

❼ Hühnerfrikasse ist (　　) meiner Lieblingsessen.
鶏のフリカッセ（クリーム煮）は、私の好物の一つです。

❽ Nachhaltigkeit ist (　　) der Schlüsselbegriffe von heute.
持続性という言葉はこんにちの鍵となる概念の一つです。

練習問題 レベル 1 2 3

名詞の性と数に注意して、(　　) に不定代名詞 welcherを入れよう。

❶ Unsere Stadt hat viele zu lösende Aufgaben. Mit (　　) davon muss man sich unverzüglich auseinandersetzen.
私たちの町は多くの解決すべき課題を抱えている。その中には、すぐに取り組まなくてはならないものもある。

❷ Ist die Zeit schon um, oder? — Nein, noch nicht ganz, du hast noch (　　) übrig.
もうタイムオーバーだよね？ーいや、まだ完全には。もう少しだけ残っているよ。

❸ Wir haben keinen Wein mehr. Kannst du, Michael, (　　) aus dem Keller holen?
ワインがなくなってしまった。ミヒャエル、地下室から何か（ワインを）持って来てくれる？

❹ Am Freitag sind alle Flüge ausgebucht. Aber am Samstag sind noch (　　) frei.
金曜日はすべてのフライトが満席だ。でも土曜日ならいくつか空いている便がある。

❺ Trotz der Fahrscheinkontrolle gibt es immer (　　), die ohne gültige Fahrkarte unterwegs sind.
検札があるにもかかわらず、有効な切符を持たずに乗車している人が必ずいる。

❻ Fast alle Sitzplätze sind besetzt. Aber in der Preiskategorie S haben wir noch (　　) frei.
ほとんどの席が埋まっています。ただS席ではいくつかまだ空きがあります。

❼ Als Nachtisch wollen wir Obst servieren. Auf dem Markt kann man bestimmt (　　) bekommen, oder?
デザートには果物を出そうか。市場に行けばきっと何か手に入るよね？

❽ Deutsche Schokolade ist auch in Japan bekannt. In japanischen Supermärkten ist (　　) zu kaufen.
ドイツのチョコは日本でも有名です。日本のスーパーではいくつかを買うことができます。

❾ Dem Roten Kreuz schenke ich alte Kleidung. Hast du auch (　　), die du nicht mehr brauchst?
赤十字に古着を寄付しようと思うんだけど、君も要らなくなったもの、ある？

❿ Ich lasse ein paar Pizzen liefern. Schaut die Speisekarte an und wählt (　　) aus.
ピザを何枚かデリバリーするので、メニューを見ていくつか選んでね。

⓫ Die Schließfächer hier sind voll. Am Hauptbahnhof können noch (　　) frei sein.
ここのコインロッカーはいっぱいだ。中央駅にはまだいくつか空いているロッカーがあるかもしれない。

⓬ Mir fallen nicht so viele Cafés ein, die sonntags um diese Uhrzeit geöffnet sind. Kennst du (　　)?
日曜のこの時間に開いているカフェは私は思いつかないな。君はいくつか知ってる？

練習問題 レベル 1 2 3

名詞の性と数、文中の格に注意して、(　　)に適切な不定代名詞を入れよう。

❶ Hamburg besitzt (　　) der größten Häfen Europas und wird daher als „das Tor zur Welt“ bezeichnet.
ハンブルクは欧州最大の港の一つを擁しており、「世界への門」と呼ばれている。

❷ Zum Empfang haben wir jetzt 200 Gäste aufgelistet. Wollen wir noch (　　) einladen?
レセプションに現在200人のゲストをリストアップしました。もっとゲストを呼びましょうか?

❸ Karl Lagerfeld zählte zu (　　) der weltbekannten deutschen Modedesigner.
カール・ラガーフェルトは世界的に有名なドイツのデザイナーの一人に数えられています。

❹ Ich möchte euch ein Zauberkunststück zeigen. Du, Karl, nimm (　　) dieser Karten.
君たちに手品を見せるよ。カール、このカードから一枚を選んで。

❺ Ich halte den Ökonomen für (　　) der einflussreichsten Wirtschaftstheoretiker im 21. Jahrhundert.
私はその経済学者を、21世紀の最も影響力のある経済理論家だと見ている。

❻ Von (　　) meiner alten Freundinnen bekam ich plötzlich eine E-Mail.
私の古い友人の一人から、突然一通のメールを受け取りました。

❼ Allerheiligen am 1. November ist (　　) der nur in katholischen Ländern gültigen Feiertage.
11月1日の万聖節は、カトリックの州においてのみ祝日となる日の一つです。

❽ Baumkuchen gehört zu (　　) der deutschen Kulturelemente, die in Japan verwurzelt sind.
バウムクーヘンは、日本に着実に浸透しているドイツの文化的要素の一つです。

❾ Emil studierte an der Universität Halle, (　　) der traditionsreichsten Universitäten Deutschlands.
エミールは、ドイツで最も伝統ある大学の一つであるハレ大学で学んだ。

❿ „Die Zauberflöte“ ist (　　) der häufig aufgeführten Opernstücke Mozarts.
「魔笛」は、モーツァルトのオペラ作品の中でよく上演されるものの一つです。

⓫ Die Burg Himeji zählt zu (　　) der am besten erhaltenen japanischen Burgen.
姫路城は、もっとも保存状態のよい日本の城郭の一つに数えられます。

第14課

所有代名詞の格変化

「私のもの」を意味するmeiner、「君のもの」を意味するdeinerなどの所有代名詞（英語のmine, yoursなどに相当）も、「もの」の性と数、格（文中での「もの」の役割）に応じて格変化をします。

私のものmeiner, 君のものdeiner, 彼（それ）のものseiner, 彼女（彼ら）のものihrer, 私たちのものunserer / unsrer, 君たちのものeuerer / eurer, あなた（方）のものIhrer。

meiner, deiner, seinerは、不定代名詞einerの変化に準じます。

私たちのもの unsrer / unserer				
1格	uns(e)rer	uns(e)re	uns(e)res	uns(e)re
2格	uns(e)res	uns(e)rer	uns(e)res	uns(e)rer
3格	uns(e)rem	uns(e)rer	uns(e)rem	uns(e)ren
4格	uns(e)ren	uns(e)re	uns(e)res	uns(e)re

あなた（方）のもの Ihr				
1格	Ihrer	Ihre	Ihres	Ihre
2格	Ihres	Ihrer	Ihres	Ihrer
3格	Ihrem	Ihrer	Ihrem	Ihren
4格	Ihren	Ihre	Ihres	Ihre

↓どちらも 中性1格 ↓ (mein Autoとsein Autoの言い換え)

Ist das Peters Auto? – Nein, das hier ist **mein(e)s**. Und **sein(e)s** ist das rote dort.

これはペーターの車？―いや、これは**僕の**だよ。**彼の**はあそこの赤いのだよ。

男性4格 (meinen Regenschirm の言い換え)

Wenn Sie keinen Regenschirm haben, dann leihe ich Ihnen **meinen**.

傘をお持ちでないのでしたら、**私のを**お貸しします。

中性1格 (unser Zimmerの言い換え)

Euer Zimmer ist etwas größer als **uns(e)res**.

君たちの部屋のほうが**僕たちの**よりも少し広いね。

練習問題

レベル 1 2

（　）にはいずれも、所有代名詞の1格が入ります。名詞の性と、所有代名詞の種類に注意して、適切なものを入れましょう。

❶ Ist das Sabines Uhr? − Nein, das ist nicht (　). Die hier gehört vielleicht Paula.
これはザビーネの時計かな？−これは彼女のではないよ。それはたぶんパウラのだよ。

❷ Dein Laptop ist ganz neu. (　) ist schon sehr alt und arbeitet sehr langsam.
君のノートPCはすごく新しいね。僕のはもうすごく古くて、動作も遅いよ。

❸ Gehört Ihnen der Mantel? − Ja, das ist (　). Danke.
このコートはあなたのものですか？−はい、それは私のです。ありがとう。

❹ Das hier ist sicher nicht Peters Auto. (　) muss bestimmt viel größer und luxuriöser sein.
これはきっとペーターの車ではないね。彼のはきっと、もっと大きくて豪華に違いない。

❺ Vera trägt immer Kleidung von dem Modedesigner. Sie sagt, dass (　) ihr perfekt passt.
ヴェーラはいつもこのファッションデザイナーの服を着ている。彼のものは、彼女にぴったり合うのだと彼女は言う。

❻ Da Ida beim Wettbewerb einen Preis gewonnen hat, soll ihr Foto hier ausgestellt sein. Aber ich habe keine Ahnung, wo sich (　) befindet.
イーダはコンテストで賞を取ったので、彼女の写真はここに展示されているらしい。でも、彼女のがどこにあるのか、私はわからない。

❼ Zum gleichen Zeitpunkt haben Heinz und ich je denselben Rasenmäher gekauft. Ich kann nicht verstehen, warum (　) noch ganz gut läuft und nur (　) kaputt gegangen ist.
ハインツと僕は同じ時期にそれぞれ同じ芝刈り機を買ったんだ。どうして彼のはまだちゃんと動いていて、僕のは壊れてしまったのか、僕には理解できない。

❽ Jemand hat die Sammelmappe verlegt. Herr Müller, ist die vielleicht nicht (　)?
誰かが書類のファイルを置き忘れています。ミュラーさん、これはあなたのではないですか？

❾ Unser Koffer ist endlich gekommen. Es ist komisch, dass (　) noch nicht da ist.
私たちのスーツケースがやっと来た。君たちのがまだ来ないのはおかしいね。

❿ Wer hat das große Pils bestellt? − Hier, das ist (　).
ピルスナー（ビール）の大を注文したのは誰ですか？−こちらです、それは私のです。

⓫ Ist das hier euer Ferienhaus? − Nein, da hinten seht ihr das kleine Haus, nicht wahr? Das ist (　).
これが君たちの別荘？−いや、その後ろに小さい家が見えるでしょ。それが私たちのです。

練習問題 レベル 1 2

名詞の性と数、格に注意して、適切な所有代名詞を入れましょう。

❶ Hast du kein Ladegerät dabei? Dann benutze einfach (　　).
君は携帯の充電器を持っていないの？　じゃあ私のを使ってよ。

❷ Für einen richtigen Marathon brauche ich passende Marathonschuhe wie (　　).
フルマラソンには、君が履いているようなちゃんとしたマラソンシューズが必要だ。

❸ Mein Kuli hat keine Tinte mehr. Kann ich ganz kurz (　　) haben?
私のボールペンのインクがなくなってしまった。君のをちょっと借りてもいいですか？

❹ Ute ist momentan verreist. Wenn du ein Fahrrad brauchst, dann kannst du einfach (　　) benutzen.
ウーテはいま旅行に出かけている。君は自転車が必要なら、彼女のを使っていいよ。

❺ Habt ihr alle das Essen bekommen? − Nein, ich warte noch auf (　　).
君たち、みんなの食事は来た？−いや、私はまだ自分のが来るのを待っています。

❻ Dieses Semester finden die Lehrveranstaltungen hauptsächlich auf dem Campus statt. Einige Professoren haben trotzdem Angst vor Ansteckung, so dass (　　) weiterhin online durchgeführt werden.
今学期の科目は主にキャンパスで開講される。だが何人かの教授は感染への不安を感じているため、彼らの科目は引き続きオンラインで実施される。

❼ Mein Smartphone hat kein Netz. Hat (　　) eine Verbindung?
私のスマホがネットにつながらないんだけど、君のスマホはネットに入れる？

❽ Ich habe eure ganze Wäsche gewaschen. Jeder soll (　　) nehmen.
君たちの洗濯物をまとめて洗ったよ。それぞれ自分のを持って行ってね。

❾ Wenn du um diese Zeit kommst, sind ganz wenige Plätze frei. Nimm einfach den Platz da neben (　　).
こんな時間に来ても、もうあまり席が空いてないよ。そこの、僕の隣の席を使いなよ。

❿ Meine Kreditkarte wird nicht akzeptiert, weil sie nicht mehr gültig ist. Könntest du anstelle von mir mit (　　) zahlen?
僕のクレジットカードが無効になっていて、承認されないんだ。僕の代わりに、君のカードで払ってくれないかな？

⓫ Was für ein Hamburger ist (　　)? − (　　) ist mit frittiertem Hühnerfleisch. Der schmeckt gut.
君のはどんな種類のハンバーガーなの？−私のはフライドチキンが挟んであるの。おいしいよ。

⑫ Paul hat eine wasserdichte Digitalkamera. Wollen wir ( ) ausleihen, bevor wir zum Tauchen fahren?
パウルは防水機能のあるデジカメを持っている。ダイビングに行く前に、彼のを借りようか?

⑬ Schmeckt dir der Käsekuchen? − Ja, wunderbar. Und ( ) auch? Der Apfelkuchen?
チーズケーキはおいしい?ーうん、素晴らしいよ。君のはどう? そのリンゴのケーキは?

⑭ Hast du kein Badetuch dabei? Ich habe zwei Tücher. Nimm eines von ( ).
君はバスタオル持ってないの? 私は2つ持っているから、私のタオルのうちの1つを使いなよ。

⑮ Vielen Dank für eure Geburtstagsgeschenke. Soll ich sie aufmachen? − Ja, mach dann zuerst ( ) auf.
誕生日プレゼントありがとう。開けてもいいかな?ーええ、じゃあまず私のを開けてみてよ。

⑯ Hier steckt ein USB. Ist er vielleicht ( )?
ここにUSBスティックが差し込まれたままになっています。これはあなたのですか?

⑰ Dein Pulli ist sehr schick. Ich möchte auch mal einen wie ( ) haben.
君のセーターはとてもおしゃれだね。私も君のセーターのようなのが一着ほしいな。

⑱ Wenn Sie möchten, kann ich meinen Sitzplatz mit ( ) tauschen.
もしお望みでしたら、私の座席をあなたのと交換してもいいですよ。

⑲ Ist das dein Portrait? − Nein, das ist das Portrait von meinem Bruder. Und das da ist ( ).
これは君の似顔絵?ーいや、これは弟の似顔絵だよ。こっちが僕のだ。

⑳ Wenn du WLAN brauchst, dann frag mal Paul nach der Nutzung von ( ).
WiFiが必要なら、パウルに、彼のを使えないか聞いてみるといいよ。

㉑ Damian backt sehr gut Pizza. Keine anderen Pizzen schmecken besser als ( ).
ダミアンはとても上手にピザを焼く。ほかのどのピザも彼のにはかなわない。

㉒ Anstelle des beurlaubten Dozenten übernimmt Corinna zwei seiner Vorlesungen, dazu macht sie aber auch ( ).
休暇の同僚に代わって、コリンナは彼の講義を2つ引き継いでいる。それに加えて彼女は自分の講義がある。

㉓ Das Etui gehört Lora. Wo ist denn Paulas Etui? Habt ihr ( ) vielleicht irgendwo gesehen?
このペンケースはローラのだよね。じゃあパウラのケースはどこかしら? あなたたち、どこかで彼女のを見てない?

㉔ Jeder soll sich um sein Gepäck kümmern, OK? Tobias, du musst auch auf ( ) Acht geben.
みんな自分の荷物は自分で管理してね、いい? トビアス、君も自分の荷物に注意しなよ。

第15課　定関係代名詞の格変化

定関係代名詞は、文中の名詞を詳しく説明する際、同一の名詞の反復を避けるために用いられます。説明したい名詞（先行詞）の性と数、またその名詞を説明する文（関係文）における名詞の格に応じて、次のように変化します（関係文は副文となり、動詞を関係文の最後に置きます）。

	男性	女性	中性	複数
1格	der	die	das	die
2格	dessen	deren	dessen	deren
3格	dem	der	dem	denen
4格	den	die	das	die

Der Kuchen, *den* meine Tante mir **brachte**, schmeckt köstlich.
おばが持ってきたそのケーキはとてもおいしい。

この文は、以下のように２つの文から成っています。

Der Kuchen schmeckt köstlich.　そのケーキはおいしい。

Meine Tante brachte mir **den Kuchen**.　私のおばが、そのケーキを持ってきた。

この２文を一つにまとめ、「おばが持ってきたケーキ」を表現する際に、定関係代名詞が用いられます。

Der Kuchen, **den** meine Tante mir **brachte**,

＊ **den Kuchen** を、男性４格の関係代名詞 den に置き換え＋動詞 brachte を後置。

先行詞が関係文中で前置詞に導かれる場合には、「前置詞＋関係代名詞」の語順になります。

Das Paket, **auf das** ich lange gewartet habe, ist endlich angekommen.
私が長い間待っていた小包がようやく届いた。

Das Paket ist endlich angekommen.　その小包はようやく届いた。

Ich habe lange auf das Paket gewartet.　私はその小包を長い間待っていた。

＊関係文中での関係代名詞（先行詞は das Packet）が動詞 warten（auf+4格を伴って「〜を待つ」）の前置詞を伴った目的語になっているので、auf ＋ das（中性４格の関係代名詞）の語順になる。

練習問題
レベル 1 2 3

先行詞の性・数に注意して、(　　)に1格の定関係代名詞を入れよう。

❶ Die Kirche, (　　) letztes Jahr restauriert wurde, ist ein Symbol der Stadt.
昨年改修されたその教会は町のシンボルです。

❷ An dem Empfang, (　　) gestern im Ratskeller stattfand, nahmen über 50 Gäste teil.
市庁舎の地下のレストランで開かれたそのレセプションには、50人以上の招待者が参加した。

❸ Viele Bürger waren gegen den Entwurf einer neuen Brücke, (　　) über die Elbe gebaut wurde.
多くの市民は、エルベ川に架けられた新しい橋の設置構想に反対だった。

❹ Florian fährt immer mit dem Auto, (　　) ihm von seiner neuen Freundin geschenkt wurde.
フローリアンは、彼の新しい彼女にプレゼントしてもらった車にいつも乗っている。

❺ Rudolph kauft immer den südafrikanischen Weißwein, (　　) nur in diesem Laden erhältlich ist.
ルードルフはいつも、この店にしか置いていない南アフリカ産の白ワインを買う。

❻ Die Küchengeräte, (　　) in der Präfektur Niigata hergestellt werden, sind sehr bekannt.
新潟県で製造されている調理器具はとても有名です。

❼ Auf der Tagung, (　　) seit vorgestern in Wien stattfindet, wird über den Ölpreis diskutiert.
一昨日からウィーンで開催されている会議においては、原油価格について議論されている。

❽ Wegen der Dürre, (　　) in Bayern wochenlang herrschte, wird dieses Jahr weniger Weizenernte erwartet.
バイエルンで何週間も続いた干ばつのせいで、今年は小麦の収穫量の減少が見込まれている。

❾ Auf dem Markt, (　　) montags und freitags hier stattfindet, kann man frisches Gemüse und Obst kaufen.
毎週月曜と金曜にここで開かれる市場では、新鮮な野菜と果物を買うことができます。

❿ Kannst du die Daten der Fotos, (　　) von meiner Digitalkamera aufgenommen wurden, auf den PC übertragen?
私のデジカメで撮影されたこの写真のデータを、パソコンに移してもらえませんか?

⓫ Das Weinfest, (　　) wegen der Pandemie seit zwei Jahren nicht gehalten wurde, findet diesen Oktober endlich wieder statt.
感染症のため2年前から開かれていなかったワイン祭りが、この10月にようやく開催される。

⓬ Von einem Freund von mir, (　　) in Belgien wohnt, habe ich köstliche Schokolade bekommen.
ベルギーに住んでいる私の友人の一人から、私はおいしいチョコレートをもらった。

練習問題 レベル 1 2 3

先行詞の性と・数、前置詞の格支配にも注意して ( ) に関係代名詞を入れよう。

❶ Du solltest die Apps löschen, von (　) die Funktion deines Smartphones gestört wird.
君のスマホの動作を阻害しているアプリを削除したほうがいいよ。

❷ Wie heißt das Café, in (　) wir gestern gegangen sind?
昨日私たちが行ったカフェの名前は何ですか？

❸ Die Wohnung, in (　) Bernd bald einzieht, liegt ganz in der Stadtmitte.
ベルントがもうすぐ入居するアパートは、町の真ん中にある。

❹ Die Bauklötze, mit (　) unser Kind spielt, werden in Schweden hergestellt.
私たちの子供が遊んでいる積み木はスウェーデンで製造されています。

❺ Die Ursache der technischen Störung, wegen (　) ich gestern nicht telefonieren konnte, ist immer noch unklar.
そのせいで私が昨日電話できなかった技術的トラブルの原因は、いまだわかっていない。

❻ Der Preis des Rohöls, von (　) die Wirtschaft der Industrieländer abhängt, soll weiter steigen.
先進国の経済がそれに依存しているところの原油の価格は、今後さらに上昇するという。

❼ Die Einwohnerzahl des Dorfs, in (　) eine neue Fabrik eröffnet wurde, hat sich fast verdoppelt.
そこに新しい工場が稼働したその村の人口は、ほぼ二倍になった。

❽ In meiner Stadt gibt es nicht so viele Konditoreien, in (　) Baumkuchen gebacken wird.
私の町には、バウムクーヘンを焼いている焼き菓子店はそれほど多くはない。

❾ Wo ist denn dein Fahrrad, mit (　) du immer fährst?
いつも君が乗っている自転車はどこにあるの？

❿ Ist das die Uhr, für (　) du über Tausend Euro bezahlt hast?
これが、そのために君が1000ユーロ以上払った例の時計かい？

⓫ Der Taifun, infolge (　) unser Flug gecancelt wurde, ist endlich vorübergezogen.
私たちのフライトがキャンセルになった台風がようやく過ぎ去った。

⓬ In Genf findet morgen eine Konferenz statt, an (　) die Außenminister der EU-Länder teilnehmen.
ジュネーブでは明日、EU各国の外務大臣が参加する会議が開かれる。

⓭ Der Politiker, bei (　) Susanne einst als Sekretärin arbeitete, hat das Direktmandat verloren.
ズザンネがかつてそこで秘書をしていた政治家は、小選挙区の議席を失った。

⓮ Der Klimawandel ist sein Forschungsthema, mit (　) er sich seit 20 Jahren beschäftigt.
気候変動が、彼が20年来ずっと取り組んでいる研究テーマだ。

練習問題 レベル 1 2 **3**

先行詞の性・数と関係文中での格に注意して、（　　）に適切な定関係代名詞を入れよう。

❶ Der Führerschein, (　　) Elke vor 50 Jahren gemacht hat, ist aus Papier, aber immer noch gültig.
エルケが50年前に取った免許証は紙でできているが、今でも有効である。

❷ Das Bürgerliche Gesetzbuch Japans, (　　) vor über 130 Jahren veröffentlicht wurde, wird jetzt grundsätzlich geändert.
130年以上前に制定された日本の民法が、今般大幅に改正されます。

❸ Alle haben Angst vor dem Virus, (　　) Herkunft noch nicht geklärt ist,
由来がまだ解明されていないそのウイルスにみなが不安を感じている。

❹ Die Textilfirma, in (　　) große Banken investiert haben, ist in Konkurs gegangen.
大手銀行が投資したその紡績会社は倒産してしまった。

❺ Ah, da ist der Rotwein, (　　) wir kaufen möchten.
あ、あそこに僕たちが買いたい赤ワインがあるよ。

❻ Wann wird die Pizza geliefert, (　　) ich vor einer Stunde bestellt habe?
私が1時間前に注文したピザはいつ配達されるのでしょうか？

❼ Im März 2011 gab es eine Katastrophe in Fukushima, (　　) die Atom- und Energiepolitik von vielen Ländern erschütterte.
2011年に福島で大惨事が起き、それは多くの国の原子力政策やエネルギー政策を揺るがした。

❽ Im Internet befinden sich viele Gerüchte und Fakenews, (　　) man nicht vertrauen kann.
インターネット上には、信頼できないうわさやフェイクニュースがたくさん見られる。

❾ Der Kuchen, (　　) Tobias uns oft bringt, wird von ihm selber gebacken.
トビアスがよく私たちのもとに持って来るケーキは、彼自身が焼いたものだ。

❿ Es können noch Viren auftreten, gegen (　　) wir weder Medikamente noch Impfung haben.
効果的な薬もワクチンもない、そんなウイルスがさらに現れる可能性がある。

⓫ Was Sie bestellten, sind Bücher, (　　) größtenteils im Lager sind. Ich bitte Sie um noch etwas Geduld.
あなたが注文されたのは、その多くが書庫にある本です。もう少々お待ちください。

⓬ Ich gebe dir den Link zum Videoclip, (　　) mir am besten gefällt.
私の一番のお気に入りのビデオクリップへのリンクをあなたに送るね。

⓭ Ich verteile Ihnen das Handout, (　　) aus zehn Seiten besteht.
私はあなた方に10ページからなるハンドアウトをお配りしますね。

⓮ Am Bahnsteig gibt es einen Bereich, in (　　) das Rauchen erlaubt ist.
ホームには、喫煙が認められている区画があります。

第16課　指示代名詞の格変化

指示代名詞は、同じ名詞の繰り返しを避けるために用いられます。前述の名詞の性・数、また指示代名詞が用いられる文中での格に応じて、以下のように定冠詞に準じる格変化（2格を除く）をして、「それは」「それを」などを表します。通常、ものに対して用いられ、人に対して用いると否定的なニュアンスが強くなります。

	男性	女性	中性	複数
1格	der	die	das	die
2格	dessen	deren	dessen	deren
3格	dem	der	dem	denen
4格	den	die	das	die

Der Anzug passt mir prima, und **der** ist ganz schick. **Den** möchte ich nehmen.
（der Anzugを受ける男性1格の指示代名詞der, 男性4格の指示代名詞den）
そのスーツは（サイズが）私にピッタリだし、**それは**とてもおしゃれだ。**それを**いただきます。

指示代名詞が前置詞を受ける場合は、その前置詞の格支配と、受ける名詞の性・数によって変化します。

Morgen schreibt Ludwig **eine Klausur**. Für **die** hat er übers Wochenende gelernt.
（女性名詞Klausurを受ける＋4格支配の前置詞fürを受けるのでdie）
明日ルートヴィヒは期末試験を受ける。そのために彼は週末ずっと勉強していた。

人に対して用いるときは「あいつ・そいつ」といったネガティブな意味合いが強まります。
Da ist **der Dieb**! **Der** hat mir die Tasche gestohlen.
そこに泥棒がいるわ。そいつが私のカバンを盗んだの。

練習問題 レベル 1 2

（　）に適切な指示代名詞を入れましょう。

❶ Wie gefällt Ihnen die Krawatte? − Ja, sehr schön. (　　) nehme ich.
そのネクタイはお気に召しましたか？－はい、とてもいいですね。それをいただきます。

❷ Den Käse habe ich auf dem Markt gekauft. (　　) muss gut schmecken.
そのチーズを私は市場で買った。それはおいしいに違いない。

❸ Gehört dir das Auto? − Ja, (　　) ist meins.
この車はあなたのものですか？－はい、それは私のものです。

❹ Mein PC ist wieder kaputt. (　　) benutze ich schon seit 10 Jahren. (　　) ist also zu alt.
僕のパソコンがまた壊れた。それを僕はもう10年使っている。それは古すぎだ。

❺ Heute Morgen gab es einen Stromausfall. (　　) Ursache ist aber immer noch nicht bekannt.
今朝、停電があった。だがその理由はまだわかっていない。

❻ Die Zeichnung von der Vase, (　　) ist ganz schön. Wo hast du das Zeichen gelernt?
その花瓶のデッサン、それはすごくいいね。君はどこでデッサンを習ったの？

❼ Diese Klimaanlage ist zwar billig, aber die Frage ist (　　) Stromverbrauch.
このエアコンは確かに安い。ただ問題はその消費電力量だ。

❽ Der Kunde dort am Tisch 2 ist sehr frech und arrogant. (　　) möchte ich nicht bedienen.
あそこの２番の卓の客はとても生意気で横柄だ。あいつの給仕なんてしたくない。

❾ Was uns gefallen hat, ist nicht nur die Wohnung selbst, sondern auch (　　) Umgebung.
私たちが気に入ったのは、住居それ自体だけではなくて、その周辺環境もだ。

❿ Kann ich ein anderes Kopfkissen haben? (　　) ist zu hart und man schläft nicht gut darauf.
別の枕を用意してくれませんか。これは固すぎて、寝ごこちがよくないのです。

⓫ Wenn Sie mit Kreditkarte zahlen, stecken Sie (　　) bitte in das Gerät ein.
支払いをクレジットカードでされるのでしたら、それをこの機械に差し込んでください。

⓬ Ich möchte ein belegtes Brot haben.
− Meinen Sie (　　) hier, mit Putenbrustfilet?
サンドパンを一つください。－あなたがほしいのは、この七面鳥のムネ肉を挟んだものですか？

⓭ Kannst du den Deckel abnehmen? (　　) sitzt zu fest.
この蓋を開けてくれない？　固すぎるんだ。

⓮ Hast du schon den neuen Dornfelder probiert? − Nein, aber ( ) möchte ich unbedingt trinken.
君はもう新しいドルンフェルダー(赤ワインのブドウの品種) を試した?ーいや、でもそれを私はどうしても飲んでみたい。

⓯ Das Fernsehgerät funktioniert nicht. ( ) muss ich reparieren.
テレビがつかない。それを直さないといけない。

⓰ Ich finde meine Tasche nicht. Hat ( ) vielleicht jemand gesehen?
私のカバンが見つからないわ。誰かそれを見た人はいない?

⓱ Schmeckt dir die Torte? − Ja, ( ) ist wunderbar.
そのトルテはおいしい?ーええ、すばらしいわ。

⓲ Den Füller habe ich von meinem Vater vererbt bekommen. ( ) lässt sich sehr gut schreiben.
その万年筆を私は父から受け継いだ。それは書きやすい。

⓳ Als der Diktator die Macht verlor, wurde ( ) Statue von den Bürgern entfernt.
その独裁者が権力を失ったとき、その銅像は市民によって撤去された。

練習問題 レベル 1 **2**

前置詞の格支配に注意して( )に適切な指示代名詞を入れましょう。

❶ Die neuen Corona-Auflagen treten morgen in Kraft. Laut ( ) gilt weiterhin die Maskenpflicht in öffentlichen Verkehrsmitteln.
新しいコロナ規制が明日施行される。それによると、公共交通機関でのマスク着用が引き続き義務づけられる。

❷ Das Zimmer ist nicht so schön, aber das ist das einzige Zimmer. Mit ( ) müssen wir uns abfinden.
この部屋はそんなによくない。でもほかに部屋がなかったんだ。これで我慢するしかないよ。

❸ Lauras Brief ist immer noch nicht zugestellt. Auf ( ) wartet Karl schon drei Tage.
ラウラの手紙はまだ配達中である。それをカールはもう3日も待っている。

❹ Zara bringt ihren Papagei zum Tierarzt. Bei ( ) wird er untersucht.
ザーラは彼女のオウムを獣医に連れて行く。そこでそのオウムは検査を受ける。

❺ Der Krieg ist ganz schrecklich. Gegen ( ) muss man kämpfen.
戦争は本当にひどい。それに反対して闘わないといけない。

❻ Du hast zu viele unnötige Apps installiert. Es ist besser, die meisten von ( ) zu entfernen.
君は、いらないアプリをインストールしすぎだ。そのうちのほとんどを削除したほうがいいよ。

❼ Kennst du die Apotheke hinter dem Marktplatz, oder? Neben (　　) will der Bürgermeister ein Parkhaus errichten, was aber ganz doof ist.
マルクト広場の裏の薬局は知ってるよね？　その横に、市長が駐車場のタワーを作ろうとしているのだが、それは実に愚かなことだ。

❽ Lisa schenkte ihrem Vater eine Pfeife. Mit (　　) war er sehr zufrieden.
リーザは父親にパイプをプレゼントした。彼はそれに大満足だった。

❾ Fritz hat eine neue WG gefunden. In (　　) zieht er nächste Woche um.
フリッツは新しいシェアハウスを見つけた。そこに彼は来週引っ越す。

❿ In der Stadtmitte gibt es einen großen Park. Durch (　　) geht Diana zur Arbeit.
街の中心部に大きな公園がある。そこを通ってディアナは出勤する。

⓫ Am Hanauer Marktplatz steht das Denkmal der Brüder Grimm. Hinter (　　) ist das Rathaus.
ハーナウ（都市名）のマルクト広場に、グリム兄弟の記念碑がある。その後ろが市庁舎だ。

⓬ Der Club ist bei jungen Leuten sehr beliebt. Vor (　　) warten schon viele auf die Öffnung.
そのクラブは若者にとても人気だ。そこの前では、すでに多くの人が開店を待っている。

⓭ Über die Affäre steht ein Artikel in der Zeitung. Nach (　　) soll die Firma Steuerhinterziehung begangen haben.
その事件について、新聞に記事が載っている。それによれば、その会社は脱税をしたそうだ。

⓮ Vor dem Urlaub hat Petra mir ihre Vögel gegeben. Ich soll mich um (　　) kümmern.
休暇中、ペトラは彼女の飼っている鳥を私に預けた。私にその面倒を見てくれというのだ。

⓯ Leo hat eine ganz teure Angelrute. Ohne (　　) könne er keine großen Fische fangen.
レオはすごく高価な釣り竿を持っている。それなしでは、大物が釣れないのだという。

⓰ Hanna und Ulrich veranstalten am Sonntag ihre Hochzeitsparty. Auf (　　) haben sie sich schon seit Monaten vorbereitet.
ハンナとウルリッヒは日曜日に結婚パーティーを開催する。二人は何か月も前からその準備をしてきた。

⓱ Der Unterricht war langweilig. Während (　　) sind einige Schüler eingeschlafen.
授業はつまらなかった。その最中に、何人かの生徒が眠ってしまった。

⓲ Die Regierung hat die Steuererhöhung bekanntgegeben. Über (　　) ärgern sich die Wähler sehr.
政府は税金の引き上げを公表した。それについて、有権者はとても怒っている。

⓳ Die Bodenkontamination ist unser großes Anliegen. Von (　　) war aber bei der Sitzung nicht die Rede.
水質汚染は我々の重要な関心事だ。だがそれについては、会議で話題にならなかった。

第17課 人称代名詞の格変化

人称とは、動作の主体を区別するための文法範疇の一つで、1人称（話者本人)、2人称（話し相手)、3人称（その他の事物）に分類されます。話者自身を表す際、自身の名前を用いることも可能ですが、「私／私たち」などの代名詞で表現するのが一般的です。この「私」に相当するのが人称代名詞です。英語では「私が」がI、「私に／を」が me となるように、ドイツ語の人称代名詞も文中の格に応じて変化しますが、3格（に）と4格（を）で形が変わるものがあります。また2人称の代名詞は、相手との関係性（親しいか）や数（単数か複数か）によって3つの形があり、親しい相手一人には du（君)、複数では ihr（君たち)、フォーマルな場ではSie（あなた［方］:単複同形）となります。

	私	君	彼	彼女	それ	私たち	君たち	彼ら	あなた(方)
1格	ich	du	er	sie	es	wir	ihr	sie	Sie
2格	meiner	deiner	seiner	ihrer	seiner	unser	euer	ihrer	Ihrer
3格	mir	dir	ihm	ihr	ihm	uns	euch	ihnen	Ihnen
4格	mich	dich	ihn	sie	es	uns	euch	sie	Sie

人称代名詞の2格は、2格支配の動詞や前置詞と用いられる場合を除き、あまり使われません。例えば「私の本」を、ichの2格meinerを用いて、das Buch meiner「その本－私の」と表現できなくもないものの、通常は所有冠詞mein（私の～）を用いてmein Buch「私の本」とします。

▼人称代名詞を用いた文の語順

通常の語順は、3格の目的語→4格の目的語ですが、文中に3格や4格の人称代名詞が用いられる場合は次のようになります。

・いずれかが人称代名詞の場合：人称代名詞を先に

Ich gebe meinem Bruder das Buch.　私は私の兄にその本をあげる。

Ich gebe **ihm** das Buch.　私は彼にその本をあげる。

Ich gebe **es** meinem Bruder.　私はそれを私の兄にあげる。

・どちらも人称代名詞の場合：4格→3格の順に

Ich gebe **es ihm.**　私はそれを彼にあげる。

練習問題 レベル 1 2 3

名詞の性に注意して、(　　)に人称代名詞を入れましょう。

❶ Petra studiert BWL. (　　) will später das Geschäft ihres Vaters übernehmen.
ペトラは大学で経営学を学んでいる。彼女は将来、父の仕事を継ぐつもりである。

❷ Richard arbeitet bei einer Textilfirma. (　　) liegt in der Heidelberger Neustadt.
リヒャルトは、ある繊維会社で働いている。その会社はハイデルベルクの新市街にある。

❸ Wann soll ich (　　) morgen abholen?
明日僕はいつ君を迎えに行けばよいのかな？

❹ Wo hast (　　) den Artikel gelesen? (　　) steht nirgendwo in der heutigen Zeitung.
君はどこでその記事を読んだの？　それは今日の新聞には載っていないのですが。

❺ Wie finden (　　) das Bild? – Ich finde (　　) etwas zu abstrakt.
あなたはその絵をどう思いますか？－私はそれを、やや抽象的すぎると思います。

❻ Wo wart (　　) denn gestern Abend? Sagt (　　) die Wahrheit.
君たちは昨日の晩、いったいどこにいたんだ？　私たちに本当のことを話しなさい。

❼ Sophies neuer Freund trinkt oft zu viel und ist manchmal betrunken. Das ärgert (　　) sehr.
ゾフィーの新しい彼氏は飲みすぎるし、たまに深酔いする。それが彼女を腹立たせる。

❽ (　　) bin nicht sicher, ob man für die Einreise nach Deutschland ein Visum braucht.
ドイツ入国に際してビザが必要かどうか、私は定かではない。

❾ Schön, dass (　　) nach Mallorca fliegt. Ich beneide (　　) ein bisschen.
君たち、マジョルカに行くなんていいな。君たちがちょっとうらやましいよ。

❿ Wo sind Leo und Paul? – (　　) sind schon eingeschlafen.
レオとパウルはどこにいるの？—彼らはもう寝てしまったよ。

⓫ Ich freue mich darauf, (　　) bald hier in Berlin begrüßen zu können.
あなた方をここベルリンでお迎えできることを、私は楽しみにしています。

⓬ Barbara hat einen Hund. Sie nennt (　　) Walter.
バーバラは犬を一匹飼っている。彼女はその犬をヴァルターと呼んでいる。

⓭ Niko trägt eine teure Uhr. (　　) wurde (　　) von seinem Vater geschenkt.
ニコは高価な時計をつけている。それは父親によって彼に贈られたものだ。

練習問題 レベル 1 2 3

動詞や前置詞の格支配に注意して、(　　)に人称代名詞を入れましょう。

❶ Wie geht es (　　)? – Danke, es geht (　　) super.
(君は) 元気ですか?－ありがとう、すごく調子がいいよ。

❷ Otto, kannst du (　　) kurz helfen? Ich möchte den schweren Tisch in den Keller bringen.
オットー、私を少し手伝ってくれない?　この重い机を地下室に運びたいの。

❸ Lenas Sohn hat das Studium mit guten Noten absolviert. Das hat (　　) sehr gefreut.
レーナの息子は大学をいい成績で卒業した。そのことは彼女をとても喜ばせた。

❹ Günther ist 80 geworden. Wir planen eine große Feier für (　　).
ギュンターは80歳になった。私たちは彼のために盛大なお祝いを企画している。

❺ Ist (　　) hier nicht kalt? Soll (　　) das Fenster zumachen?
君は寒くない?　僕が窓を閉めようか?

❻ Wo hast (　　) die Jacke gekauft? (　　) steht (　　) sehr gut.
君たちはどこでそのジャケットを買ったの?　それは君にとてもよく似合ってるよ。

❼ Leider bin ich gerade sehr beschäftigt. Kann ich (　　) später mal anrufen?
残念だけど、いまとても忙しいんだ。後で君に電話してもいいかな?

❽ Ulrich und seine Frau waren zum ersten Mal in Rom. Die Stadt gefiel (　　) sehr.
ウルリヒと彼の妻は初めてローマに行った。その街はとても彼らの気に入った。

❾ Meine Eltern sind über 80. Es fällt (　　) manchmal schwer, mich um (　　) zu kümmern.
私の両親は80歳を超えている。彼らの面倒を見るのが私には時に負担になる。

❿ Hat (　　) der Kuchen geschmeckt? – Ja, (　　) hat (　　) sehr gut geschmeckt.
ケーキはあなたのお口に合いましたか?－ええ、それはすごく私の口に合いました。

⓫ Lea jobbt viermal die Woche in einem Café. Die Arbeit macht (　　) Spaß.
レアは週に4回カフェでバイトをしている。仕事は楽しい。

⓬ Diese Uhr ist das Geschenk meines Freundes. Ich trage (　　) immer, wenn ich (　　) treffe.
この時計は、私の彼氏からの贈り物です。私は彼に会うときはいつもそれを身につけます。

⓭ Wem gehört das iPhone? – Ach, (　　) gehört (　　), danke.
このiPhoneは誰のですか?－あ、それは僕のです、ありがとう。

練習問題 レベル 1 2 3 語順に注意して(　　)に人称代名詞を入れましょう。

❶ Wem schenkst du die Tasche? – Ich schenke (　　) meiner Schwester.
君は誰にそのカバンを贈るの？－私はそれを、私の妹にプレゼントします。

❷ Was haben Sie Ihrem Kind gegeben? – Ich habe (　　) Bausteine gegeben.
あなたはお子さんに何を与えたのですか？－私はその子に積み木を与えました。

❸ Wem kauft ihr den Füller? – Wir kaufen (　　) unserem Onkel.
君たちは誰にその万年筆を買ってあげるの？－私たちのおじさんに買うんだよ。

❹ Was zeigt Paula den Gästen jetzt? – Sie zeigt (　　) die Bilder, die sie selber gemalt hat.
パウラは今、来客に何を見せているの？－彼女は自分で描いた絵を見せているんだよ。

❺ Wem soll ich die Unterlagen bringen? – Bitte bringen Sie (　　) Herrn Niemann.
誰のところにこの書類を持って行けばいいですか？－ニーマンさんのところに持って行ってください。

❻ Wissen Sie, wo das Zimmer des Hausmeisters ist? – Ja, ich zeige (　　) (　　).
管理人室がどこにあるか、ご存じですか？－はい、それをあなたにお教えしますね。

❼ Haben Sie Frau Richter schon ein Taxi bestellt? – Ja, ich habe (　　) (　　) bestellt.
リヒターさんにもうタクシーを手配しましたか？－はい、私はそれを彼女に手配しました。

❽ Kann ich auch die E-Mail von Herrn Schneider sehen? – Ja, ich leite (　　) (　　) weiter.
シュナイダーさんからのメールを私も見られますか？－はい、それをあなたに転送しますね。

❾ Können Sie mir den Stift leihen? – Gerne, ich gebe (　　) (　　).
私にそのペンを貸してくれませんか？－喜んで、それよりそれをあなたに差し上げますよ。

❿ Kann ich kurz dein Fahrrad leihen? Ich gebe (　　) (　　) in einer Stunde zurück.
君の自転車をちょっと借りてもいいかな？　1時間後にはそれを君に返すから。

⓫ Schenkst du Lisa diesen Schal? – Ja, ich schenke (　　) (　　).
君はリーザにこのショールをプレゼントするの？－うん、それを彼女にあげるんだ。

⓬ Liest du den Kindern das Buch vor? – Ja, ich lese (　　) (　　) vor.
君は子供たちにその本を読んで聞かせるの？－ええ、私はそれを彼らに読み聞かせるよ。

⓭ Kannst du Stefan sagen, dass ich leider nicht mitkommen kann? – Ja, ich sage (　　) (　　).
残念だけど僕は一緒に来られないと、シュテファンに伝えてくれる？－うん、それを彼に伝えておくよ。（前文の内容を、esで受けることができる）

第18課 再帰代名詞の格変化

ドイツ語では、他動詞を再帰的に用いて（＝動作の対象を主語自身に向けて）「自分自身が～する」と表現します。その際、行為の対象が主語自身に向かうことを示すために再帰代名詞が用いられます。再帰代名詞は、1人称・2人称（敬称2人称のSieを除く）では人称代名詞と同形ですが、3人称（と敬称の2人称）ではsichとなります。

	ich	du	er	sie	es	wir	ihr	sie	Sie
3格	mir	dir		sich		uns	euch	sich	sich
4格	mich	dich		sich		uns	euch	sich	sich

なぜ、3人称（及び3人称複数に準じる変化をする敬称のSie）では、再帰代名詞はsichなのか？　人称代名詞と同形では、主語と目的語の彼（彼女）が別人の可能性があるためです。

Karl setzt seinen Sohn auf den Stuhl.　カールは彼の息子を椅子に座らせる。
→Er setzt ihn auf den Stuhl.　彼(カール)は彼(息子)を椅子に座らせる。

er の彼と ihn の彼は別人なので、「カール自身が座る」と表現するには、行為の対象が主語自身であることを示す再帰代名詞 sich が必要になります。
→Karl setzt sich auf den Stuhl. / Er setzt sich auf den Stuhl.
カールは自らを椅子に座らせる（＝カールは椅子に座る)。

助動詞を用いた場合でも、再帰代名詞は常に主語に合わせて変化させます。
Ich konzentriere mich auf meine Arbeit. 私は自分の仕事に集中している。

これを、müssenを用いて書き換えると、以下のようになります。
→Ich muss mich auf meine Arbeit konzentrieren.

行為の対象が自分の体の部位に向かう場合などには、再帰代名詞の3格が用いられます。
sich³ die Zähne putzen　（自分の）歯を磨く、自分に対し歯を磨かせる
Nach dem Essen putze ich mir immer sorgfältig die Zähne.
食事の後で私はいつもていねいに歯を磨く。

練習問題 レベル 1 2 3

(　　)に適切な再帰代名詞(4格)を入れて文を完成させよう。

❶ Alex trainiert immer. Deshalb erkältet er (　　) kaum.
アレックスはいつも自分(の体)を鍛えている。それゆえ彼はほとんど風邪をひかない。

❷ Wann treffen wir (　　) morgen, etwa um 19 Uhr?
明日私たちはいつ待ち合わせますか、たとえば19時など？

❸ Interessiert ihr (　　) für deutsche Popmusik?
君たちはドイツのポップ音楽に興味があるの？

❹ Nach dieser großen Party haben (　　) alle Gäste mit dem Virus infiziert.
この盛大なパーティーの後、すべてのゲストがウイルスに感染した。

❺ Indem man eine Maske trägt, kann man (　　) gegen die Infektion schützen.
マスクを着用することによって、感染から自分の身を守ることができます。

❻ Die beiden Staatschefs haben (　　) auf einen Waffenstillstand verständigt.
両首脳は、停戦に合意した。

❼ Lara hat (　　) bei ihrer Mutter nach dem Zustand ihres Vaters erkundigt.
ララは彼女の母に父の状態がどうなっているかをたずねた。

❽ Seit langem befasst (　　) der Politiker mit der Bekämpfung der Ausländerfeindlichkeit.
その政治家は長らく外国人敵視との闘いに打ち込んでいる。

❾ Die Kluft zwischen Arm und Reich vergrößert (　　) weiter, was ich problematisch finde.
貧富の差がさらに拡大していて、それを私は問題だと思っている。

❿ Gestern haben wir (　　) per Skype unterhalten.
昨日私たちはスカイプでおしゃべりをした。

⓫ Meine Tochter begeistert (　　) für Fußball.
私の娘はサッカーに夢中である。

⓬ Maria erinnert (　　) oft an ihre letzte Reise in der Zeit vor der Pandemie.
マリアは、感染症の流行前に行った最後の旅行のことをよく思い出す。

⓭ Ich freue (　　) auf die Weihnachtsferien.
私はクリスマス休暇を楽しみにしています。

⓮ Wir interessieren (　　) für moderne Kunst.
私たちは現代芸術に興味がある。

練習問題 レベル 1 2 3

再帰代名詞の3格と4格の違いにも注意して、(　　)に適切な再帰代名詞を入れて文を完成させよう。

❶ Viktor kann (　　) nicht mehr daran erinnern, wo er seinen Zimmerschlüssel hingelegt hat.
ヴィクトルは、どこに部屋の鍵を置いたのか思い出せない。

❷ Es ist schon elf. Ich muss (　　) langsam von euch verabschieden.
もう11時だ。そろそろ君たちとお別れしないといけないよ。

❸ Kann ich (　　) vor dem Essen kurz duschen?
食事の前に軽くシャワーを浴びてもいいかい?

❹ Kannst du (　　) vorstellen, wie das Alltagsleben in der NS-Zeit war?
ナチ時代の日常生活がどのようなものだったのか、君には想像できるかい?

❺ Ich merke (　　) nicht alle diese Regeln.
私はこれらの規則のすべてを覚えているわけではない。

❻ Wascht (　　) sorgfältig die Hände, wenn ihr von draußen zurück seid!
外から帰ってきたら、きちんと手を洗いなさい。

❼ Hast du (　　) schon die Zähne geputzt?
君はもう歯を磨いたかい?

❽ Darf ich (　　) eine Frage erlauben?
私に質問を認めていただけませんか?

❾ Nach dem Essen putze ich (　　) immer sorgfältig die Zähne.
食事の後で私はいつもていねいに歯を磨く。

❿ Nach dem Jurastudium hätte ich auch Richter werden können. Dafür habe ich (　　) aber nicht entschieden.
法学を修めた後、私は裁判官になることもできた。だが私はその選択をしなかった。

⓫ Wir müssen (　　) beeilen. Sonst verpassen wir den Zug.
我々は急がなくてはならない。さもないと電車に乗り遅れる。

⓬ Wann wollen wir (　　) treffen?
いつ待ち合わせしましょうか?

⓭ Ich habe (　　) mit der Grippe infiziert.
私はインフルエンザに感染しました。

⓮ Der Kopierer hat oft Papierstau. Darüber müssen wir (　　) beim Hersteller beschweren.
このコピー機はよく紙詰まりを起こす。この件で製造元にクレームを入れなければ。

練習問題 レベル 1 2 **3**

誰に対する命令形なのかに注意して、(　　) に適切な再帰代名詞を入れて文を完成させよう。

❶ Der Bus kommt schon. Beeil (　　)! Sonst kommst du zu spät zur Schule.
バスがもう来るよ。急いで！　さもないと学校に遅刻するよ。

❷ Setzen Sie (　　) doch.
どうかお掛けくださいね。

❸ Ihr seid doch Brüder. Helft (　　) gegenseitig!
君たちは兄弟でしょう。お互いに助け合いなさい。

❹ Wenn du Fragen hast, dann melde (　　) jederzeit bei mir.
質問があったらいつでも私に連絡してね。

❺ Wasch (　　) sorgfältig die Hände!
手をしっかりと洗ってね。

❻ Merkt (　　), dass die Fahrkarte vor der Nutzung entwertet werden muss.
切符は使う前に打刻をしないといけないことを覚えておいてね。

❼ Julia, putz (　　) schnell die Zähne und geh sofort ins Bett.
急いで歯を磨いて、すぐに寝なさい、ユリア。

❽ Stellt (　　) mal das Jahr 2050 vor! Da liegt die Zahl der Weltbevölkerung bei fast 10 Milliarden.
2050年を想像してごらんよ。世界人口が100億人近くになっているんだよ。

❾ Vergewissert (　　) beim Googeln, ob die Webseiten der Suchergebnisse zuverlässig sind.
グーグル検索するときには、検索結果のサイトが信用できるものかどうかを確かめなよ。

❿ Legen Sie (　　) hier auf den Bauch.
ここに腹ばいで横になってください。

⓫ Ach, du bist ja nass geworden. Trockne (　　) am Tuch ab und zieh (　　) um.
うわ、君はびしょ濡れじゃないか。タオルで体をふいて、着替えなよ。

⓬ Du bist zum ersten Mal hier in Leipzig, oder? Dann sieh (　　) zuerst in der Stadtmitte um!
君はライプツィヒは初めてなんだよね？　それならまずは街の中心部を散策しておいでよ。

第19課

疑問詞werの格変化

行為者や対象者をたずねるために用いられるのが、疑問詞wer（誰が～?）です。ただし、werは1格（主格：誰が～?）の形で、2格・3格・4格では以下のように変化します。

1格	wer	誰が？
2格	wessen	誰の～？
3格	wem	誰に？
4格	wen	誰を？

▼werを用いた疑問文の作り方：

・1格のwerは、それ自体が主語になる。wer ＋ 定動詞（＋目的語など）？

Wer versteht Deutsch?　誰がドイツ語を理解できますか？

・2格のwessenは、wessenがかかる名詞の性に応じて変わる。

wessenに続く名詞が主語の場合：wessen+名詞が主語となるので、wessen+名詞 ＋ 定動詞（＋目的語など）？

Wessen Pferd läuft am schnellsten?　誰の馬が一番速く走りますか？

wessenに続く名詞が目的語の場合：wessen+名詞 ＋定動詞 ＋主語？

Wessen Bild finden Sie am besten?　誰の絵をあなたは一番いいとお考えですか？

・3格のwem・4格のwenでは、wem/wen ＋定動詞 ＋主語？

Wem zeigen Sie die Stadt?　あなたは誰に街を案内するのですか？

Wen hast du gelobt?　君は誰をほめたのですか？

疑問詞werを用いた間接疑問文は副文となり、定動詞を後置します。

Wer nimmt heute am Seminar teil? Das weiß ich nicht.

誰が今日、セミナーに参加するのか？　それは私にはわからない。

一文にまとめると次のようになります。

Ich weiß nicht, wer heute am Seminar teilnimmt.

＊分離動詞teilnehmenのnimmt ... teilが副文では後置されてteilnimmtに。

練習問題　レベル 1 2 3

疑問詞werを変化させて（　）に入れましょう。

❶ (　) ist der Mann, der da raucht?
あそこでたばこを吸っている男性は誰ですか？

❷ (　) Uhr ist das?
これは誰の時計ですか？

❸ (　) besuchst du heute?
君は今日、誰を訪問するの？

❹ (　) hat das Gedicht geschrieben? Es ist ausgezeichnet.
誰がこの詩を書いたのですか？　これは素晴らしいです。

❺ (　) schenken Sie das Handtuch?
あなたは誰にこのハンカチをプレゼントするのですか？

❻ (　) sind die beiden Frauen hier auf dem Foto? Vielleicht du und deine Schwester?
写真のここに写っている2人の女性は誰だい？　ひょっとして君と君の妹？

❼ (　) liebt Anna? Michael, Otto oder einen anderen?
アンナは誰を愛しているの？　ミヒャエル、オットー、それとも別の男？

❽ (　) gehört die Tasche? Dir? — Nein, die ist nicht meine.
そのカバンは誰のものですか？君のですか？—いえ、それは私のではありません。

❾ (　) hat die Feuerwehr aus dem Brand gerettet?
消防は誰を火の中から救助したのですか？

❿ Wir sind jetzt neun. (　) fehlt noch?
今9人います。あといないのは誰ですか？

⓫ Bis alle Stimmen genau ausgezählt werden, weiß man nicht, (　) zum Präsidenten gewählt wird.
すべての票が正確に集計されるまで、誰が大統領に選出されるかはまだわからない。

⓬ Das Parken ist hier streng verboten. Es spielt keine Rolle, (　) Auto es ist.
ここでの駐車は固く禁じられています。誰の車かというのは関係ありません。

⓭ (　) willst du zu deiner Geburtstagsfeier einladen?
誕生日のお祝いに、君は誰を招待するつもりですか？

練習問題 レベル 1 2 3

動詞や前置詞の格支配に注意して、(　　)にwerの変化形を入れよう。

❶ (　　) hilfst du heute im Seniorenheim?
老人ホームで君は今日、誰の手伝いをするのですか(誰に手を貸すのですか)?

❷ (　　) betrifft die Erhöhung des Rentenversicherungsbeitrags?
年金の掛け金の値上げは誰に該当するものですか?

❸ (　　) schreibst du die E-Mail?
君は誰にメールを書いているの?

❹ (　　) gedenkt man bei dieser Zeremonie? — Wir gedenken aller Opfer des Nationalsozialismus.
この式典では、誰を追悼するのですか?—ナチズム(国民社会主義)のすべての犠牲者です。

❺ Ich möchte jemandem den Hut schenken, weil er zu groß ist. Aber (　　) passt er am besten?
この帽子は僕には大きすぎるので、誰かにあげたいのだが、誰に一番よく合うだろうか?

❻ Kann ich kurz dein Handy leihen? — Ja, bitte. Aber (　　) rufst du denn an?
ちょっと君の携帯を貸してもらえない?—いいよ。でも誰に電話するの?

❼ (　　) fragst du denn nach dem Alter?
君はいったい、誰に向かって年齢を聞いているんだい?

❽ (　　) unterrichtet Ulrich?
ウルリヒは誰を対象に授業をしているの?

❾ (　　) hat das Landgericht zu einer Haftstrafe verurteilt?
州裁判所は誰を禁固刑に処したのですか?

❿ Leider habe ich keine Ahnung, (　　) mich mit dem Virus angesteckt hat.
誰が私にウイルスをもたらしたのか、残念ながら見当がつきません。

⓫ (　　) triffst du morgen im Café Bauer?
明日君は、カフェ・バウアーで誰と会うの?

⓬ Es gibt ganz unterschiedliche Theorien über das Corona-Virus. (　　) kann man überhaupt vertrauen?
コロナウイルスについては、実にさまざまな理論がある。いったい誰を信頼したらいいのだろう。

⓭ Jemand hat mein Portemonnaie zur Polizei gebracht. (　　) soll ich meinen Dank aussprechen?
誰かが私の財布を警察に届けてくれた。私は誰に感謝を伝えたらいいのだろう?

練習問題 レベル 1 2 3

[　]に前置詞を、(　)にwerの変化形を入れてみよう。

❶ [　] (　) wurde das Zimmer geputzt?
この部屋は誰によって掃除されたのですか?

❷ Ich möchte einen Seminarraum reservieren. [　] (　) soll ich mich wenden?
ゼミ室を予約したいのですが、誰に伝えたらよいでしょうか?

❸ Weißt du, [　] (　) Vera in die Disko geht?
ヴェーラが誰と一緒にディスコに行くか、君は知ってる?

❹ Warum musst du auf Alkohol verzichten? [　] (　) Rat?
なぜ君はお酒をやめないといけないんだい?　誰の指示によるものなの?

❺ [　] (　) arbeiten Sie?
君は誰と一緒に働いているのですか?

❻ [　] (　) wurde die Zauberflöte komponiert? — Von Mozart.
「魔笛」は誰によって作曲されたのですか?－モーツァルトですよ。

❼ [　] (　) kümmerst du dich? — Um Martha, meine Schwester.
君は誰の面倒を見ているの?－私の姉のマルタの面倒を見ているの。

❽ [　] (　) wohnst du jetzt? — Bei Julia, meiner neuen Freundin.
今、君は誰のところに住んでいるの?－新しい彼女のユーリアのところだよ。

❾ [　] (　) backst du den Kuchen?
君は誰のためにそのケーキを焼いているの?

❿ Ich möchte den Vortrag des Außenministers hören. [　] (　) soll ich mich melden?
外務大臣の講演を聞きたいのですが、誰のところに連絡をすればよいですか?

⓫ [　] (　) erinnerst du dich noch in deiner Schulzeit?
学校時代の誰のことを君はまだ覚えていますか?

⓬ [　] (　) wartest du so lange? — Auf Peter, meinen alten Schulkameraden.
そんなに長い間、誰を待っているんだい?－昔の同級生のペーターだよ。

⓭ [　] (　) beschwerst du dich denn eigentlich?
君はいったい、誰に対して苦情を言っているの?

⓮ Wer hat im Lotto gewonnen? [　] (　) ist die Rede?
誰がロトくじに当たったんだい?　誰について話題にしているんだい?

第20課 不定関係代名詞werの格変化

定関係代名詞が、ある特定のもの・ことの内容を詳しく説明するのに対し、もの・ことを特定せず一般的な「～である人・もの」を表す際には不定関係代名詞が用いられます。不定関係代名詞には、「もの」を表すwasと、人を表すwerがあります。このうち、wasは1格と4格のみ、どちらもwasの形で用いられるので、ここではwerの格変化を練習します。

werは関係文における「～であるところの人」の役割に応じて、次のように変化します。

1格	wer	(～である人が)
2格	wessen	(その人の～)
3格	wem	(その人に対し～)
4格	wen	(その人を～)

また、関係文を受ける主文における「その人」(wer / wessen / wem / wenに該当する人物)の格を表すのが指示代名詞derで、主文における格に応じてder / dessen / dem / den と変化します。

Wer den Film mag, **dem** muss bestimmt auch dieser Film gefallen.
その映画を好む人、その人にはきっとこの映画も気に入るに違いない。
(誰か－その人はその映画を好む－その人にはきっとこの映画が同様に気に入るに違いない)
＊関係文では、「その人はその映画を好む」なので不定関係代名詞は1格のwer、主文「映画がその人にとって気に入る」での「その人」は動詞gefallenの3格の目的語なので、指示代名詞はdemとなる。

関係文の主語が1格のwer、主文の主語も1格のderである場合には、derを省略して関係文を主節とすることができます。

Wer viel Geld verdient, (der) muss auch viel Steuer bezahlen.
たくさんお金を稼ぐ人、(その人)は税金もたくさん払わなくてはならない。
(誰か－その人はたくさんお金を稼ぐ－その人は税金もたくさん払わなくてはならない)
＊関係文・主文ともに1格なので、主文のderを省略することができる。

練習問題 レベル 1 2

関係文中での名詞の格に注意して、(　　)に不定関係代名詞を入れよう。

❶ (　　) samstags am Spätabend zum Supermarkt kommt, der kann nicht mehr viel kaufen.
土曜の夜遅くにスーパーに来る人は、あまりたくさんのものを買うことができない。

❷ (　　) Rita gerne hat, der wird oft von Nora gehasst.
リータが好む人は、たいていノーラには嫌われる。

❸ (　　) Gehörsinn gut ist, der kann auch beim Fremdsprachenlernen eine gute Aussprache haben.
聴覚がよい人、その人は外国語学習の際にも上手に発音ができる。

❹ (　　) Sie Hilfe leisten, der wird sicher glücklich.
あなたが救いの手を差し伸べる人、その人はきっと幸せになる。

❺ (　　) Antrag auf Stipendium akzeptiert wird, der kann den Deutschkurs kostenlos besuchen.
奨学金申請が受け付けられた人、その人は無料でドイツ語の授業に通える。

❻ (　　) mit Businessclass fliegt, kann bis zum Abflug die Lounge benutzen.
ビジネスクラスで飛ぶ人は、出発までラウンジを利用できる。

❼ (　　) Note unter 3 ist, der muss zusätzlich eine Hausarbeit schreiben.
成績が３以下の人、その人は追加でレポートを書かなくてはならない。

❽ (　　) die Hose passt, der muss ganz schön dünn sein.
そのズボンのサイズが合う人、その人はとてもスマートに違いない。

❾ (　　) der Dieb sein Portemonnaie stiehlt, der ist besoffen und unvorsichtig.
泥棒に財布を盗まれる人、その人は泥酔して注意散漫になっている人だ。

❿ (　　) du Sympathie zeigt, der ist doch immer ein netter Typ.
君が共感を寄せる人、その人はいつも感じのよいタイプの人ですね。

⓫ (　　) Sie mir als Übersetzter vermitteln, der ist sprachlich begabt.
あなたが私に翻訳者として仲介してくださる方、その方は語学の天才です。

⓬ (　　) Mann beim Haushalt gerne hilft, den möchten die meisten Frauen heiraten.
その人の夫が家事を喜んで手伝う人、多くの女性はそういう人と結婚したがっている。

⓭ (　　) das Urheberrecht zugesprochen wird, dem bezahlt die Firma Nutzungsgebühr.
その人に著作権が認められる人、その人に会社は使用料を支払う。

⓮ (　　) der Lehrer unterrichtet, der ist zum Lernen motiviert.
その教師が授業をする人、その人は学びへの意欲が高い。

格変化

練習問題

レベル 1 2

関係文における不定関係代名詞の格と、主文における指示代名詞の格に注意して、(　　) に適切な語を入れよう。

❶ (　　) an diesem Seminar teilnehmen möchte, soll sich bis zum 10. Oktober beim Dozenten melden.
このゼミナールに参加したい人は、10月10日までに授業担当者に届け出ること。

❷ (　　) die Schuhe passen, (　　) schenke ich sie.
この靴が合う人、その人に私はその靴を差し上げますよ。

❸ (　　) der Firmenchef einstellt, (　　) ist tüchtig und verantwortungsvoll.
その会社社長が採用する人は、有能だし責任感もある。

❹ (　　) seine Aufgabe und Pflicht nicht richtig ausfüllt, (　　) ist als öffentliche Person nicht würdig.
自分の使命や義務をきちんと果たさない人、そういう人は公人にはふさわしくない。

❺ (　　) das Rätsel lösen kann, (　　) muss das Talent in die Wiege gelegt worden sein.
その謎を解くことができる人、その人には天賦の才能が備わっているに違いない。

❻ (　　) viel raucht, (　　) hat ein größeres Risiko für Lungenkrankheiten.
たくさん喫煙をする人、その人は肺病のリスクが高くなる。

❼ (　　) der Montagmorgen nicht schwer fällt, (　　) beneide ich sehr.
月曜日の朝がその人にとって辛くない人、そういう人を私はとてもうらやましく思う。

❽ (　　) du vertraust, (　　) muss bestimmt aufrichtig sein.
君が信頼を置いている人、その人はきっと誠実な人に違いない。

❾ (　　) Heiko liebt, (　　) ist meistens nicht mein Typ.
ハイコーが好きになる人、その人はたいてい、僕のタイプではない。

❿ (　　) das Handy gehört, (　　) soll sich bei der Rezeption im Erdgeschoss melden.
この携帯電話の所有者は、一階の受付にお申し出ください。

⓫ (　　) zuerst ins Wahllokal kommt, (　　) bittet der Wahlleiter um die Kontrolle der Wahlurne.
投票所に最初に来た人、その人に対し選挙の立会人は投票箱のチェックを依頼する。

⓬ (　　) das Gericht die Erbschaft anerkennt, (　　) erhält das Sommerhaus des Unternehmers.
裁判所がその人に相続権を認める人、その人がこの企業家の別荘をもらい受ける。

⓭ (　　) das Bundesparlament zum Kanzler wählt, (　　) ernennt auch der Bundespräsident.
連邦議会がその人を連邦首相に選出した人、その人を大統領もまた認証する。

⓮ (　　) mit seiner Arbeit zufrieden ist, muss glücklich sein.
自分の仕事に満足している人、その人はきっと幸せに違いない。

⑮ (　　) viel entlohnt wird, (　　) wird eine schwere Verantwortung zuteil.
たくさん報酬をもらっている人、その人には重い責任が課されている。

⑯ (　　) die Wähler eine politische Entscheidung anvertrauen, (　　) muss sich nach ihren Willen verhalten.
有権者が（その人に）政治判断を委ねている人は、彼らのために行動しなくてはならない。

⑰ (　　) eine der europäischen Sprachen beherrscht, (　　) kann auch andere leicht erlernen.
ヨーロッパの言語を一つマスターしている人、その人はほかの欧州言語も簡単に習得できる。

⑱ (　　) das tägliche Laufen nicht schwer fällt, (　　) ist für den Marathonlauf geeignet.
毎日走ることがその人にとって苦痛ではない人、その人はマラソンに向いている。

⑲ (　　) Aufsätze oft zitiert werden, (　　) genießt als Wissenschaftler hohes Ansehen.
論文が頻繁に引用される人、その人は学者として高い名声を得る。

⑳ (　　) die Kinder lieben, (　　) wird auch von den Älteren gern gehabt.
子供たちが好きになるような人、その人はお年寄りにも好かれる。

㉑ (　　) sonntags hier jobbt, (　　) zahlt der Arbeitsgeber 50% mehr Stundenlohn.
日曜日にここでアルバイトする人、その人に雇用主は50%割り増しの時給を支払っています。

㉒ (　　) der Schauspieler zur Party begleitet, über (　　) wird in der Presse viel berichtet.
その俳優がパーティーに同伴する人、その人についてメディアではたくさん報じられる。

㉓ (　　) das schmale und bunte Kleid gut steht, auf (　　) bin ich ein bisschen neidisch.
その細くて色鮮やかなドレスが似合う人、その人に対し私は少し嫉妬してしまう。

㉔ (　　) Handy noch vom alten Typ ist, (　　) bekommt beim Modellwechsel Rabatt.
その人の携帯電話がまだ古いタイプである人、その人は機種変更の際に値引きを受けられる。

㉕ (　　) in der Studienzeit viel gelernt hat, (　　) wird eine große Chance zum sozialen Aufstieg gewährt.
学生時代にたくさん学んだ人、その人には、社会的に成功できる大きなチャンスが与えられる。

㉖ (　　) der Angeklagte bestochen haben soll, (　　) will das Schmiergeld nicht erhalten haben.
被告が買収したとされる人、その人物は賄賂を受け取っていないと主張している。

㉗ (　　) der Staatsoberhaupt ernennt, (　　) gilt als richtiger Botschafter.
国家元首がその人を大使として信任した人、その人は正式の大使として認められる。

㉘ (　　) Rede die Wähler aus allen Schichten und Generationen begeistert, (　　) ist politisch begabt.
その人の演説がすべての階層・世代の有権者の心を揺さぶる人、その人は政治的な天才である。

第21課

形容詞の語尾変化①強変化

ドイツ語の形容詞は、名詞を修飾する際に語尾変化をします。形容詞の語尾変化には、

強変化：　(無冠詞＋)形容詞＋名詞
弱変化：　定冠詞＋形容詞＋名詞
混合変化：　不定冠詞＋形容詞＋名詞

の3種類があります。どの場合も、形容詞が掛かる名詞の性と数、それに文中での格に応じて語尾変化します。ここで学ぶ強変化とは、冠詞類を用いない場合の形容詞の変化のことで、そこでは形容詞が語尾変化をすることで冠詞類の格変化の代わりをします（語尾変化が顕著なことから、強変化と呼ばれます）。

多くの場合、形容詞の語尾は、定冠詞類に準じた格変化をしますが（dieser Kaffee—stark**er** Kaffee, dieses Bier—kalt**es** Bierなど）、男性・中性の2格では名詞が2格の語尾変化をするため（Kaffee**s**, Bier**s**）形容詞の語尾は-esとはならず、-enとなります。

	男性名詞（濃いコーヒー）	女性名詞（新鮮な牛乳）	中性名詞（冷たいビール）	複数形（きれいなグラス）
1格	starker Kaffee	frische Milch	kaltes Bier	schöne Gläser
2格	starken Kaffees	frischer Milch	kalten Biers	schöner Gläser
3格	starkem Kaffee	frischer Milch	kaltem Bier	schönen Gläsern
4格	starken Kaffee	frische Milch	kaltes Bier	schöne Gläser

語尾変化の際に、形容詞の語形が変化するものもあります

・teuer → teur-

Warum kaufst du immer teur**e** Anzüge?

君はなぜいつも高いスーツを買うんだい？

・hoch → hoh-

Das Land leidet an hoh**er** Arbeitslosigkeit.

その国は高い失業率に苦しんでいる。

練習問題 レベル 1 2 3

[　] に形容詞の変化語尾を入れて文を完成させましょう。

❶ Gut[　] Tag , meine Damen und Herren.
こんにちは、みなさん。

❷ Möchten Sie still[　] Wasser oder Sprudelwasser?
ガス抜きの水をお求めですか、それとも炭酸水ですか？

❸ Das Unternehmen hat 100 neu[　] Arbeitskräfte eingestellt.
その会社は、100人の新しい人員を雇った。

❹ Viel[　] Japaner haben groß[　] Angst vor Erdbeben.
多くの日本人が、地震への不安を感じている。

❺ Von der Molkerei aus wird frisch[　] Milch geliefert.
その牧場から、新鮮な牛乳が出荷されます。

❻ Aus technisch[　] Gründen ist das Kopiergerät momentan außer Betrieb.
技術的な理由で、このコピー機は現在ご利用になれません。

❼ Jung[　] Mann, können Sie mir bitte kurz helfen?
お若い方よ、すみませんが少し手伝ってもらえませんか？

❽ Deutsch[　] Autos sind in Japan sehr beliebt, aber teuer.
ドイツの車は日本でとても人気がある、しかし高価だ。

❾ Ich wünsche Ihnen schön[　] Osterferien.
素敵なイースター休暇をお過ごしください。

❿ Ich muss noch fahren. Daher trinke ich alkoholfrei[　] Bier.
まだ運転しないといけないんだ。だからノンアルコールのビールにするよ。

⓫ Es ist nicht leicht, die Meinung älter[　] Generationen zu ändern.
高齢者世代の意見を変えることは容易ではない。

⓬ Sehr geehrt[ ] Herr Bundespräsident, sehr geehrt[ ] Frau Bundeskanzlerin, verehrt[　] Gäste!
親愛なる大統領、親愛なる首相、親愛なるゲストのみなさま！

練習問題 レベル 1 2 3

前置詞の格支配に気をつけて、[　] に形容詞の変化語尾を入れよう。

❶ Unter bestimmt[　] Umständen könnte das Privatrecht eingeschränkt werden.
特定の状況下においては、個人の権利が制限されるかもしれない。

❷ Nach stundenlang[　] Verhandlungen haben die Minister der beiden Länder ein neues Abkommen vereinbart.
何時間にも及ぶ協議の末、両国の大臣は新しい協定に合意した。

❸ An heiß[　] Tagen sollten älter[　] Leute zu Hause bleiben.
猛暑の日には、お年寄りは家にとどまっているほうがよい。

❹ Bei nächst[　] Gelegenheit würde ich gerne norddeutsch[　] Städte besuchen.
次の機会に、私は北ドイツの町を訪れたい。

❺ Bei schön[　] Wetter geht mein Opa oft in den Wald.
天気がよいとき、私の祖父はよく森へ出かける。

❻ Für weiter[　] Fragen stehe ich Ihnen jederzeit zur Verfügung.
さらなるご質問があれば、いつでもお問い合わせください。

❼ Politiker müssen manchmal in kurz[　] Zeit wichtig[　] Entscheidungen treffen.
政治家は時々、短い期間で重要な決定をしなくてはならない。

❽ Aus gut[　] Gründen hat die Regierung den Wehrdienst ausgesetzt.
もっともな理由があって、政府は兵役の義務を中止した。

❾ Das Auto sieht ganz neu aus. Aber bei genau[　] Betrachtung findet man einig[　] Kratzer.
その車はとても新しいように見えるが、よく見てみるといくつかの傷が見つかる。

❿ Für grün[　] Tee braucht man gekocht[　] Wasser und es darf nicht zu heiß sein.
緑茶には、一度沸騰したお湯が必要だが、それは熱すぎてはいけない。

⓫ Mit groß[　] Bedauern müssen wir Ihnen mitteilen, dass der Empfang angesichts der Pandemie abgesagt wurde.
感染症のため、レセプションが中止されたことを、私たちはあなたに、大変残念な気持ちとともにお伝えしなければなりません。

⓬ Hier kann man einen Fernseher aus zweit[　] Hand für nur 25 Euro kaufen.
ここでは、中古のテレビをたった25ユーロで買うことができます。

練習問題 レベル 1 2 3

格に注意して、[　] に形容詞の変化語尾を入れよう。

❶ Der Himmel ist voll[　] Sterne.
空が星で満ちている。

❷ Abends essen viel[　] Familien kalt[　] Speise. Warm[　] Essen isst man nicht so oft.
夜は多くの家庭が火の通っていない食事をとる。暖かい食事をあまり頻繁にとらない。

❸ Meine Frau ist heute schlecht[　] Laune.
私の妻は今日は機嫌が悪い。

❹ Vergangen[　] Sonntag hat mich mein Vater plötzlich besucht.
この前の日曜日、父が私のもとを突然訪ねてきた。

❺ Es kann hoh[　] Ansteckungsrisiko entstehen, wenn sich viel[　] Leute ohne Masken unterhalten.
マスクなしで多くの人々が談笑すると、高い感染リスクが生じる。

❻ Der Deutsche Akademische Austauschdienst, abgekürzt DAAD, bietet ausländisch[　] Studierenden verschieden[　] Stipendien für das Studium in Deutschland an.
ドイツ学術交流会、略してDAADは、外国の大学生に対し、ドイツで学ぶための奨学金を提供しています。

❼ Die Experten sagen, dass der Onlineunterricht bildungsfern[　] Familien oft nachteilig ist.
専門家は、オンライン授業は教育熱心ではない家庭に不利になることが多いと指摘する。

❽ Nach mehrmalig[　] Umzügen ist sie letzt[　] Endes wieder in die Wohnung gezogen, in der sie früher gewohnt hat.
度重なる引っ越しの末に、彼女は結局、かつて住んでいた住居に再び入居した。

❾ Die japanische Sprache hat einige Wörter deutsch[　] Herkunft wie Arbeit oder Karte.
日本語には、「アルバイト」や「カルテ」など、ドイツ語由来の単語がいくつかある。

❿ Aus schlecht[　] Gewissen hat er zugegeben, dass er den Mord begangen hat.
良心の呵責から、彼は自分が殺人を犯したと白状した。

⓫ Seit gestern hat mein Kind hoh[　] Fieber.
昨日から私の子供は高熱がある。

⓬ Er hat die Prüfung bestanden. Aus voll[　] Freude hat er geschrien „Ich hab's geschafft".
彼は試験に合格した。大喜びで彼は「やったぞ」と叫んだ。

第22課 形容詞の語尾変化②弱変化

定冠詞（類）を伴う名詞に形容詞が加わるときには、定冠詞＋形容詞＋名詞の語順となり、形容詞は弱変化と呼ばれる次のような語尾変化をします。

	男性名詞	女性名詞	中性名詞	複数形
1格	der alte Mann	die alte Frau	das alte Haus	die alten Männer
2格	des alten Mannes	der alten Frau	des alten Hauses	der alten Männer
3格	dem alten Mann	der alten Frau	dem alten Haus	den alten Männern
4格	den alten Mann	die alte Frau	das alte Haus	die alten Männer

弱変化においては、定冠詞（類）が格変化を伴うために（der, des, dem, denなど）、冠詞から格を容易に判断できることから、形容詞の語尾変化は強変化（無冠詞＋形容詞＋名詞）に比べて少ない（弱い：弱変化）です。形容詞の語尾は、男性名詞の2～4格、女性名詞と中性名詞の2～3格、複数形の1～4格においてはいずれも-enとなり、その他（男性1格、女性と中性の1格と4格）では-eとなります。

上の表のうち、語尾が-enの部分を囲むと、ちょうど古い鍵を横にした形になるので、「**鍵の中は-en、鍵の外は-e**」と覚えるとよいでしょう。

定冠詞のほか、定冠詞に準じた格変化をするdieser, jener, solcher, welcher, aller, jeder などの定冠詞類が形容詞を伴う場合にも、上記の表と同じ変化となります。

Diesen Sommer fliege ich nach Okinawa. Bei dieser seltenen Gelegenheit möchte ich auch die fernen Inseln besuchen.
この夏、私は沖縄へ行きます。この滅多にない機会に、私は離島も訪れてみたいと思います。

Wie konnte man sich vorstellen, dass im 21. Jahrhundert solcher schreckliche Krieg ausbricht?
21世紀にそのような恐ろしい戦争が起こるということを、どうしたら想像できただろうか？

練習問題 レベル 1 2 3

[　] に形容詞の変化語尾を入れて文を完成させましょう。

❶ Das alt[　] Stadttor wurde vor mehr als 500 Jahren gebaut.
その古い町の門は、今から500年以上も前に建てられた。

❷ Konrad Adenauer war der erst[　] deutsch[　] Bundeskanzler, der von 1949 bis 1963 im Amt war.
コンラート・アデナウアーはドイツ初の連邦首相で、1949年から1963年までその職にあった。

❸ Mont Blanc, der 4.808 Meter hoch ist, ist der höchst[　] Berg Westeuropas.
標高4808メートルのモンブランは、西ヨーロッパの最高峰だ。

❹ Die deutsch[　] Kriegsgefangenen haben 1918 in Tokushima die Neunt[　] Symphonie von Beethoven zum ersten Mal gespielt.
ドイツ人の捕虜たちが、1918年に徳島でベートーヴェンの第九交響曲を初演しました。

❺ Ende Oktober 2020 wurde der neu[　] Flughafen Berlins endlich eröffnet.
2020年10月末に、ベルリンの新しい空港がようやくオープンした。

❻ Guten Tag, ich möchte die reserviert[　] Karte abholen.
こんにちは、予約したチケットを受け取りたいのですが。

❼ Wo hast du den schick[　] Rock gekauft?
君はどこでそのおしゃれなスカートを買ったの？

❽ Das Wort Japan (Nippon) bedeutet auf Deutsch so viel wie „das Land der aufgehend[　] Sonne".
日本という語をドイツ語で説明すると、おおよそ「太陽の昇る国」という意味になる。

❾ Als Konsul in Litauen stellte Chiune Sugihara den jüdisch[　] Flüchtlingen ein Visum aus, mit dem man über Japan in ein drittes Land ausreisen konnte.
リトアニアの領事として、杉原千畝はユダヤ人の避難民に対し、日本を通過して第三国に出国できるビザを発給した。

❿ Am Ende des zwanzigst[　] Jahrhunderts war das Handy noch nicht ganz verbreitet.
20世紀の終わりには、携帯電話はまだそれほど普及していなかった。

⓫ Auch viele Japaner mögen den Roman „Der klein[　] Prinz" von Saint-Exupéry.
多くの日本人も、サン=テグジュペリの小説『星の王子さま』(小さな王子) を好む。

⓬ Peter hat der alt[　] Dame beim Einsteigen in den Bus geholfen.
ペーターは、その高齢の夫人がバスに乗車するのを手伝った。

練習問題 レベル 1 2 3

前置詞の格支配に注意して、(　)に定冠詞を、[　]に形容詞の変化語尾を入れて文を完成させよう。

❶ Nach (　) neuest[　] Bericht ist die Arbeitslosenquote (　) letzt[　] Monats auf 6,4 Prozent gesunken.
最新の報告によれば、先月の失業率は6.4%に減少した。

❷ Während (　) Zweit[　] Weltkriegs war Paris von Deutschland besetzt.
第二次世界大戦中、パリはドイツに占領されていた。

❸ Trotz (　) heftig[　] Schneefalls fährt die Bahn heute planmäßig.
激しい降雪にもかかわらず、鉄道は今日平常通りに動いている。

❹ Bei (　) gestrig[　] Pressekonferenz verkündete der Minister keine weiteren Maßnahmen gegen die hohen Energiepreise.
昨日の記者会見では、大臣はエネルギー価格の高騰に対するさらなる措置については表明しなかった。

❺ Wegen eines defekten Fahrzeugs ist (　) recht[　] Spur der Autobahn 3 in Richtung Frankfurt derzeit gesperrt.
故障した車のため、高速道路3号線のフランクフルト方面の右側車線が現在封鎖されています。

❻ Viele behaupten, dass autonomes Fahren in (　) nah[　] Zukunft möglich wird.
自動運転が近い将来可能になると、多くの人が主張している。

❼ Nach (　) lang[　] Sitzung sahen viele Mitglieder erschöpft aus.
長い会議の後、多くのメンバーが疲れ切っているように見えた。

❽ Durch (　) gestrig[　] Sturm wurden mehr als 200 Häuser beschädigt.
昨日の嵐により、200軒以上の家屋が損傷を受けた。

❾ Zu (　) versprochen[　] Zeit war noch keiner da.
約束の時間には、まだ誰も来ていなかった。

❿ Wir wurden von (　) eindrucksvoll[　] Rede (　) ukrainisch[　] Präsidenten tief berührt.
私たちは、ウクライナ大統領のインパクトのある演説に非常に心を打たれた。

⓫ Russland hatte die Soldaten an (　) westlich[　] Grenze stationieren lassen.
ロシアは、西側の国境に兵士を駐留させていた。

練習問題 レベル 1 2 **3**

(　　) に適切な定冠詞類を、[　　] に形容詞の変化語尾を入れて文を完成させよう。

❶ Wegen (　　) schwierig[　　] Lage muss man das Weinfest leider ausfallen lassen.
この困難な状況のもとでは、残念ながらワイン祭りを中止せざるを得ない。

❷ In (　　) deutsch[　　] Städten haben Sie bisher schon gewohnt?
ドイツのどの町にあなたは暮らしたことがありますか?

❸ Die Olympischen Spiele in Berlin 1936 hat (　　) berühmt[　　] Regisseurin Leni Riefenstahl verfilmt.
1936年のベルリン五輪を、あの有名な女性監督レニ・リーフェンシュタールが映画化した。

❹ Wegen der andauernden Rezession soll (　　) fünft[　　] Firma vom Konkurs bedroht sein.
長引く不況により、5社に1社は倒産の危機にあると言われている。

❺ Nach der Pandemie sind in meiner Firma (　　) unnötig[　　] Sitzungen abgeschafft worden.
感染症の流行後、私の会社ではすべての不要な会議が廃止された。

❻ Gefällt dir (　　) hellblau[　　] Pullover nicht?
この水色のセーターは気に入っていないの?

❼ Die Polizei untersucht noch, (　　) politisch[　　] Gründe hinter der Tat stecken.
警察は、犯行の背景にどのような政治的理由があったのかをまだ調査中である。

❽ Beim Militäreinsatz muss (　　) möglich[　　] Gefahr in Betracht gezogen werden.
軍隊の投入に際しては、起こりうるあらゆる危険性が考慮されなくてはならない。

❾ Die Regierung verweigert (　　) gewaltsam[　　] Bedrohung der Terroristen.
政府はテロリストによるいかなる暴力的な脅しにも屈しない。

❿ Darf ich mit (　　) alt[　　] Führerschein noch Auto fahren?
この古い免許証でまだ車を運転してもよいのですか?

⓫ Erich Kästner überstand (　　) schwierig[　　] NS-Zeit, ohne ins Exil zu gehen.
エーリヒ・ケストナー(作家)はあの困難なナチ時代を、国外に亡命することなく生き抜いた。

⓬ (　　) elektronisch[　　] Zahlungsmittel wenden Sie am häufigsten an?
どんな電子決済の手段をあなたは最も頻繁に利用しますか?

第23課 形容詞の語尾変化③混合変化

不定冠詞（類）を伴う名詞に形容詞が加わると、不定冠詞＋形容詞＋名詞の語順となり、形容詞は混合変化と呼ばれる次のような語尾変化をします。

	男性名詞	女性名詞	中性名詞	複数形
1格	sein alter Vater	seine alte Mutter	sein altes Haus	seine alten Eltern
2格	seines alten Vaters	seiner alten Mutter	seines alten Hauses	seiner alten Eltern
3格	seinem alten Vater	seiner alten Mutter	seinem alten Haus	seinen alten Eltern
4格	seinen alten Vater	seine alte Mutter	sein altes Haus	seine alten Eltern

混合変化は、その名の通り、強変化と弱変化の混合形態です。不定冠詞（類）の格変化が明確な場合は、形容詞の語尾変化は少なく、逆に不定冠詞（類）だけでは名詞の性や格を明らかにできない場合は（特に男性と中性の1格）、形容詞が語尾変化することで格変化の補完をします。混合変化でも「鍵の中は-en」、つまり男性名詞の2～4格、女性名詞と中性名詞の2～3格、複数形の1～4格の語尾はいずれも-enとなります。しかし男性1格と中性1格では、不定冠詞はどちらもeinで、これだけでは性の判別ができないため、ここでは強変化と同様、形容詞の語尾変化により違いを表します。

▼形容詞がないとき：不定冠詞＋名詞

Auf dem Tisch liegt **ein** Löffel.　机の上にスプーンが一つある。
Auf dem Tisch liegt **ein** Messer.　机の上にナイフが一つある。
（不定冠詞einは、男性の1格も、中性の1格も、どちらもein）

▼形容詞が加わるとき

Auf dem Tisch liegt **ein silbern*er*** Löffel.　机の上に銀のスプーンが一つある。
（Löffelは男性名詞なので、形容詞がderに準じる変化をして、男性1格であることを示す）
Auf dem Tisch ist **ein scharf*es*** Messer.　机の上に鋭利なナイフが一つある。
（Messerは中性名詞なので、形容詞がdasに準じる変化をして、中性1格であることを示す）

不定冠詞einのほか、不定冠詞に準じた格変化をする所有冠詞（mein, dein…）と否定冠詞keinにおいても、同じく形容詞は混合変化をします。

練習問題 レベル 1 2 3

[　] に形容詞の変化語尾を入れて文を完成させましょう。

❶ Paul bestellt ein groß[　] Bier.
パウルはビールの大を一つ注文する。

❷ Die Steuerreform ist eine wichtig[　] Aufgabe der neuen Regierung.
税制改革は、新政権の重要な課題の一つだ。

❸ Kenta ist ein japanisch[　] Student, der seit Oktober in Regensburg studiert.
ケンタは、10月からレーゲンスブルクで学んでいる日本の大学生だ。

❹ Bevor wir die Schlussdiskussion anfangen, machen wir jetzt eine klein[　] Pause.
最終討議を始める前に、ちょっと休憩をしませんか。

❺ Dank deiner nett[　] Hilfe konnte ich den Bericht fertig schreiben.
君の親切な助力のおかげで、私はその報告書を書き上げることができました。

❻ Zu unserer groß[　] Überraschung hat Heiko die Prüfung bestanden, sogar mit der Note „GUT“.
私たちが大いに驚いたことに、ハイコーはその試験に受かった、それも「良」の成績で。

❼ Um ihre klein[　] Babys von der Kita abzuholen, muss Olga schon um 16 Uhr Feierabend machen.
彼女の小さな赤ん坊たちを託児所に迎えに行くため、オルガは16時には仕事を終えなくてはならない。

❽ Zur Geburtstagsparty Richards kommt Fritz mit seiner neu[　] Freundin.
リヒャルトの誕生日パーティーに、フリッツは彼の新しい彼女と一緒にやって来る。

❾ In keinen ander[　] Städten Deutschlands sind die Mietpreise so hoch wie in München.
ドイツの他のどの町においても、家賃はミュンヒェンほどは高くない。

❿ Justus ist mein vertraut[　] Freund seit der Schulzeit.
ユストゥスは私の学生時代からの親友です。

⓫ Also, bis morgen. Ich wünsche Ihnen einen schön[　] Tag noch.
ではまた明日。引き続き、よい一日を。

⓬ Anton ist ja ein klug[　] Kerl! Durch den Verkauf seiner Fotos an die Presseagentur hat er viel Geld verdient.
アントンは賢いやつだ。通信社に自分の写真を売ることで、たくさんお金を稼ぎやがった。

練習問題 レベル 1 2 3

名詞の性と格に注意して、(　　)に不定冠詞類を、[　　]に形容詞の変化語尾を入れて文を完成させよう。

❶ Im Moment habe ich (　　) groß[　　] Hunger. Ich nehme deshalb (　　) klein[　　] Salatteller.
いま私はそんなにお腹が空いていない。なので、私はサラダの小皿を一つ注文します。

❷ In (　　) klein[　　] Konditorei, da saßen wir zwei bei Kuchen und Tee.
小さな喫茶店の中、そこで私たちは２人、コーヒーとケーキを頼んで座っていた。

❸ Für (　　) zehnjährig[　　] Kind spielt Emil ziemlich gut Klavier.
10歳の子供にしては、エミールはかなり上手にピアノを弾くことができる。

❹ Herr Bauer ist (　　) neu[　　] Kollege. Er hat gerade die Probezeit beendet.
バウアーさんは私の新しい同僚だ。彼はちょうど試用期間を終えたばかりだ。

❺ Georg konnte (　　) billig[　　] Flugticket nach London für nur 30 Euro kaufen.
ゲオルクは、ロンドンへの安い航空券をたった30ユーロで購入することができた。

❻ Die Überalterung der Gesellschaft ist (　　) groß[　　] Problem, das in den meisten Industrieländern zu beobachten ist.
社会の超高齢化は、多くの先進国においてみられる大きな問題である。

❼ Entschuldigung, könnte ich Ihnen noch (　　) weiter[　　] Frage stellen?
すみません、さらにもう一問、質問させていただいてよろしいですか？

❽ Wer in Deutschland (　　) fest[　　] Wohnsitz hat, muss sich beim Einwohnermeldeamt melden.
ドイツに定まった居住地を持っている人は、住民登録局に届け出をしなくてはなりません。

❾ Auf (　　) klein[　　] Insel in Okinawa strandete 1873 (　　) deutsch[　　] Handelsschiff.
沖縄の小さな島で、1873年に一隻のドイツの商船が座礁しました。

❿ In diesem Gemeindekreis wurden gestern (　　) neu[　　] Todesfälle gemeldet.
この地区では、昨日、新規の死者は1人も報告されませんでした。

⓫ Wegen (　　) plötzlich[　　] Stromausfalls ist die ganze Stadt in Panik geraten.
突然の停電により、町全体がパニックに陥った。

練習問題 レベル 1 2 **3**

名詞の性と格に注意して、(　　) に不定冠詞類を、[　　] に形容詞の変化語尾を入れて文を完成させよう。

❶ Guten Tag, (　　) verehrt[　　] Damen und Herren.
我が親愛なる紳士淑女の皆さま、こんにちは。(演説や挨拶の冒頭の文句)

❷ Ohne (　　) tatkräftig[　　] Mitarbeit hätte ich das Werk nicht vervollständigen können.
あなたの献身的なご協力がなければ、私はその作品を仕上げることができなかったでしょう。

❸ Paula schrieb (　　) krank[　　] Großvater (　　) lang[　　] Brief.
パオラは彼女の病気の祖父に一通の長い手紙を書いた。

❹ Ulrich kümmert sich um (　　) neunzigjährig[　　] Vater.
ウルリッヒは、90歳の彼の父の面倒を見ている。

❺ Vielen herzlichen Dank für (　　) freundlich[　　] Antwort.
あなたの親切なお返事に感謝いたします。

❻ Brüder Grimm sind nicht nur für die Märchensammlung bekannt. „Das Deutsche Wörterbuch" ist auch (　　) großartig[　　] Leistung.
グリム兄弟は、メルヘンの収集でのみ有名なのではない。『ドイツ語辞典』もまた、彼らの偉大な功績である。

❼ Danke für (　　) nett[　　] Hinweise.
君たちの親切なアドバイスに感謝するよ。

❽ Theo, (　　) klein[　　] lieblich[　　] Baby, wird bald ein Jahr alt.
私たちの小さな愛すべき赤ん坊、テーオは、もうすぐ1歳になる。

❾ Herr Reich-Ranicki war für (　　) scharf[　　] Literaturkritik bekannt.
ライヒ＝ラニツキ氏は彼の鋭い文芸批評で有名だった。

❿ Habt ihr euch so langsam an (　　) neu[　　] Leben in der Schweiz angewöhnt?
君たちは、スイスでの新しい生活にそろそろ慣れてきたかい?

⓫ Für den Skandal hat sich der Minister gestern entschuldigt. Aber die meisten Wähler sind mit (　　) unklar[　　] Ausrede gar nicht zufrieden.
大臣はそのスキャンダルについて昨日釈明を行った。しかし有権者たちは彼の不透明な言い逃れには全く満足していない。

⓬ Wir freuen uns schon auf (　　) nächst[　　] Besuch.
私たちはすでに、あなた方の次の訪問を楽しみにしています。

第24課 形容詞の語尾変化④形容詞の名詞化

形容詞を名詞化して、「～な人」「～なもの」と表現できます。この場合も、名詞化された語の性や数、文中での格、それに定冠詞（類）・不定冠詞（類）の有無によって語尾が変化します。

deutsch（ドイツの）→Deutscher（ドイツ人男性、1格）/ Deutsche（ドイツ人女性、1格）/ Deutsche（ドイツ人たち、1格）

	ドイツ人男性	ドイツ人女性	ドイツ人たち
1格	Deutscher	Deutsche	Deutsche
2格	Deutschen	Deutscher	Deutscher
3格	Deutschem	Deutscher	Deutschen
4格	Deutschen	Deutsche	Deutsche

現在分詞や過去分詞（形容詞としても使われる）も名詞化できます。
reisen（旅行する）→reisend（旅行中の）→ein Reisender（一人の男性旅行者）/ eine Reisende（一人の女性旅行者）/ Reisende（旅行者たち）

	一人の男性旅行者	一人の女性旅行者	旅行者たち
1格	ein Reisender	eine Reisende	Reisende
2格	eines Reisenden	einer Reisenden	Reisender
3格	einem Reisenden	einer Reisenden	Reisenden
4格	einen Reisenden	eine Reisende	Reisende

verletzt（負傷させられた＝負傷した）→der Verletzte（その男性負傷者）/ die Verletzte（その女性負傷者）/ die Verletzten（その負傷者たち）

	その男性負傷者	その女性負傷者	その負傷者たち
1格	der Verletzte	die Verletzte	die Verletzten
2格	des Verletzten	der Verletzten	der Verletzten
3格	dem Verletzten	der Verletzten	den Verletzten
4格	den Verletzten	die Verletzte	die Verletzten

また「～なもの・～なこと」を意味する中性名詞にすることもできます。
neu（新しい）→Neues（新しいこと・もの）/ das Neue（その新しいこと）

1格	Neues	das Neue
2格	―	des Neuen
3格	Neuem	dem Neuen
4格	Neues	das Neue

練習問題 レベル 1 2 3

（　）に形容詞 abgeordnet（代表に選ばれた）を適切な形に名詞化しましょう。

❶ Wegen Verdacht auf Korruption ist der (　　　　) vom Landtag zurückgetreten.
汚職疑惑により、その議員は州議会議員を辞職した。

❷ Auf die Kritik der (　　　　) reagierte der Kanzler emotional.
その女性議員の批判に対し、首相は感情的に反応した。

❸ Bei der Abstimmung haben zwei (　　　　) ihre Gegenstimme abgegeben.
採決の際に、2人の議員が反対票を投じた。

❹ Seit 2005 ist Herr Gabriel (　　　　) im deutschen Bundestag.
ガブリエル氏は2005年からドイツ連邦議会の議員をしている。

❺ Die Rede des (　　　　) war sehr beeindruckend.
その議員の演説はとても心を打つものだった。

❻ Morgen besucht den Minister ein japanischer (　　　　).
明日、大臣のもとを一人の日本の議員が訪問する。

❼ Die folgenden (　　　　) sind direkt gewählt worden.
以下の議員たちは、直接（選挙区で）選ばれた人たちです。

❽ In einer Videokonferenz führt eine (　　　　) oder ein (　　　　) live durch den Landtag und berichtet über die Aufgaben des Landtags.
ビデオ会議システムを通して、議員（女性議員または男性議員）が生中継で州議会の様子をお伝えするとともに、州議会の役割について報告します。

❾ Frau Bührmann ist die jüngste (　　　　) im Landtag Nordrhein-Westfalens.
ビュアマンさんは、ノルトライン＝ヴェストファーレン州の州議会で最年少の議員です。

❿ Herr Seidler ist der (　　　　) von der Partei der dänischen Minderheit, SSW.
ザイトラー氏は、デンマーク系少数住民の政党SSWの議員です。

練習問題
レベル 1 2 3

[ ] 内の形容詞を適切な形に名詞化させて( ) に入れよう。

❶ Ich habe euch etwas ( ) mitgebracht. [schön]
君たちに、ちょっといいものを持ってきたよ。

❷ Die Zahl der ( ) hat sich in den letzten Monaten wieder vermehrt. [arbeitslos]
失業者の数は、この数か月間に再び増加した。

❸ Bei seiner Hochzeitsfeier hat Richard viele ( ) eingeladen. [verwandt]
結婚式のお祝いに、リヒャルトは多くの親戚を招待した。

❹ Paul, unser ( ), wird bald ein Jahr alt. [klein]
私たちの小さなパウルはもうすぐ1歳になる。

❺ In der Informationsflut muss man das ( ) von dem ( ) unterscheiden. [richtig / falsch]
情報が溢れるなかでは、正しいものと間違っているものとを見分けなければならない。

❻ Mein Vater ist ( ) bei einer Handelsfirma und arbeitet in Yokohama. [angestellt]
私の父はある貿易会社の会社員で、横浜で働いています。

❼ Neulich habe ich etwas ( ) erlebt. Als ich von der Arbeit nach Hause kam, sah ich meinen Mann, der sich kaum mit dem Haushalt beschäftigte, die Wohnung putzen. [seltsam]
最近私は稀有な体験をしたんです。私が仕事から帰宅したとき、これまで家事などほとんどしたことのない私の夫が、家を掃除しているのが目に入ったんです。

❽ Seit Jahren leistet die Organisation Hilfe für ( ). [drogensüchtig]
何年も前から、その団体は薬物中毒者への支援を行っている。

❾ Das ( ) bei der Arbeitssuche ist meiner Meinung nach die Atmosphäre des Arbeitsplatzes und die guten Beziehungen zu den Kollegen. [wichtigst]
仕事選びの際に一番大事なことは、私の考えでは職場の雰囲気と同僚との良好な関係だ。

❿ Vor dem Wohnhaus stand ein ( ) und rauchte eine Zigarre. [unbekannt]
集合住宅の前に一人の見知らぬ男が立って葉巻を吸っていた。

⓫ Corinna hat einer ( ) beim Aussteigen aus der U-Bahn geholfen. [alt]
コリンナは、一人の年老いた女性が地下鉄から降りるのを手伝った。

⓬ Was für einen Film möchtest du sehen? — Mir ist es eigentlich egal, aber ich möchte lieber was ( ) sehen. (lustig)
君はどんな映画が見たい?－私は基本的に何でもいいけど、何か楽しいのが見たいな。

練習問題 レベル 1 2 **3**

[　] 内の語句をもとに現在分詞や過去分詞を作り、適切な形に名詞化させて(　) に入れてみよう。

❶ Gibt es Ermäßigung für (　　)? [studieren]
大学生向けの割引はありますか?

❷ In Japan liegt der Anteil der dreimal (　　) jetzt bei 45 Prozent. [impfen]
日本では、3回ワクチン接種を受けた人の割合は45%である。

❸ Bald wird Dieter 65. Aber das Leben als (　　) ist ihm noch nicht vorstellbar. [pensionieren]
ディーターはもうすぐ65歳だ。だが彼には年金生活者としての暮らしはまだ想像がつかない。

❹ Ab heute benötigen (　　) aus Deutschland bei der Einreise nach Japan kein Visum mehr. [reisen]
ドイツからの旅行者は、今日から日本への入国の際にビザは必要なくなります。

❺ Das Landgericht hat den (　　) zu lebenslanger Haft verurteilt. [anklagen]
州裁判所はその被告を終身刑とする判決を下した。

❻ Diese Parkplätze hier sind für (　　) reserviert. [behindern]
この駐車スペースは、障害者のために空けてあるものです。

❼ Herr Zimmermann ist einer der zehn (　　) dieses Busunfalls. [überleben]
ツィマーマン氏は、このバス事故の10人の生存者のうちの1人だ。

❽ Die Rettungskräfte konzentrieren sich auf die Suche nach den weiteren fünf (　　). [vermissen]
救助隊は、残る5人の行方不明者の捜索に力を注いでいます。

❾ Auf die Frage des Reporters, wie die Regierungsarbeit zu beurteilen ist, haben die meisten (　　) sie positiv bewertet. [befragen]
政府の取り組みをどう評価するかとのレポーターの問いかけに、聞かれた人の大半は肯定的な評価を下していた。

❿ Diese Sprachschule bietet auch Englischkurse für erwachsene (　　) an. [lernen]
この語学学校では、大人の学習者のための英語のコースも開講しています。

⓫ Herr Lehmann ist seit letztem Monat unser neuer (　　). [vorsetzten]
先月からレーマン氏が私たちの新しい上司になりました。

⓬ Im Jahr 2020 gab es insgesamt 773.144 (　　). [neu gebären]
2020年には、77万3144人の新生児がいました。

第25課 男性弱変化名詞、その他の名詞の語尾変化

男性名詞の一部には、2格・3格・4格の格変化の際、語尾に-n または-enが付くものがあり、これを男性弱変化名詞と呼びます。多くの場合、男性2格の-sは付きません。弱変化により、単数の2~4格と複数形の1~4格が同じ形になるので注意が必要です。

▼男性弱変化する名詞の例：

・**語尾が-istで終わる名詞：**Polizist（警官）、Jurist（法律家）、Journalist（ジャーナリスト）、Kapitalist（資本家）、Pianist（ピアニスト）、Separatist（分離独立派）

・**語尾が-ad, -atで終わる名詞：**Diplomat（外交官）、Kamerad（仲間、戦友）、Soldat（兵士）

・**～学者（の男性）を表す語尾が-ogeで終わる名詞：**Biologe（生物学者）、Japanologe（日本学者）、Psychologe（心理学者）、Soziologe（社会学者）、Virologe（ウイルス研究者）

・**職業を表す語尾が-nomで終わる名詞：**Astronom（宇宙飛行士）、Ökonom（経済学者）

・**-ant, -entで終わる名詞：**Elefant（ゾウ）、Immigrant（移住者）、Patient（患者）、Student（大学生）

・**動物や特定の男性を表す語尾が-eで終わる名詞：**Affe（猿）、Experte（専門家）、Junge（若者）、Kollege（同僚）、Komplize（共犯者）、Löwe（ライオン）、Neffe（甥）

・**～人(男性）を表す語尾が-eで終わる名詞：**Brite（イギリス人）、Chinese（中国人）、Finne（フィンランド人）、Franzose（フランス人）、Russe（ロシア人）

・その他：Architekt（建築士）、Nachbar（隣人）、Herr（紳士：弱変化はHerrn、複数形はHerren）、Mensch（人間）、Paragraf（段落、条文）、Planet（惑星）

▼2格で-ns, 3格で-n, 4格で-nと変化をする男性弱変化名詞

Name（名前）、Gedanke（考え）、Glaube（信仰）、Wille（意志）など。
例：der Name / des Namens / dem Namen / den Namen

▼男性弱変化名詞以外に、名詞の語尾が格変化するもの

中性名詞のHerz（胸、胸部）: das Herz / des Herzens / dem Herzen / das Herz
Jesus Christus : Jesus Christus / Jesu Christi / Jesu Christo / Jesum Christum

練習問題 レベル 1 2 3

[　　] 内の名詞を、必要があれば適切な形に変化させて(　　) に入れましょう。

❶ Die Operation des (　　) ist gelungen. [Patient]
その患者の手術は成功した。

❷ Können Sie bitte Ihren (　　) wiederholen? [Name]
すみませんが、お名前をもう一度おっしゃっていただけませんか？

❸ Herr Prof. Dr. Wieler ist ein (　　) der Biologie. [Spezialist]
博士で教授のヴィーラー氏は生物学の専門家です。

❹ Von dem neuen (　　) werden heute die Minister ernannt. [Präsident]
今日、新しい大統領によって大臣が任命される。

❺ Der Traum des (　　) ist (　　) zu werden. [Junge / Polizist]
その少年の夢は、警察官になることだ。

❻ Seit Tagen bin ich psychisch etwas beunruhigt. Deshalb möchte ich um den Rat des (　　) bitten. [Psychologe]
数日前から私は精神的にやや不安定だ。なので、心理学者の助言を求めたい。

❼ Das Büro des Rechtsanwalts stellt jetzt einen jungen (　　) als (　　) ein. [Jurist / Praktikant]
その弁護士事務所は、若い法律研究者をインターン生として雇っている。

❽ Der Film beschreibt einen deutschen (　　), der in der Kriegszeit im Warschauer Zoo arbeitete. [Zoologe]
その映画は、戦争中にワルシャワの動物園で働いていた動物学者を描いている。

❾ Ein (　　) fragt auf der Straße einen (　　) nach dem Weg zur Jugendherberge. [Tourist / Student]
一人の旅行者が、路上で大学生にユースホステルへの道をたずねた。

❿ Diese Sendung wird über den (　　) übertragen. [Satellit]
この放送は、衛星を通して中継される。

⓫ Der Füller ist das Geschenk für meinen (　　). [Neffe]
その万年筆は私の甥へのプレゼントです。

⓬ Für Ihre freundliche Hilfe bin ich Ihnen von (　　) dankbar. [Herz]
あなたの親切な助力に、私は心から感謝しています。

練習問題 レベル 1 2 **3**

[　] に適切な冠詞類を、(　) に名詞の適切な形を入れてみよう。

❶ Die Würde [　] (　) ist unantastbar. (Mensch)
人間の尊厳は不可侵である。（ドイツの憲法にあたる基本法の第1条）

❷ Der Onlineunterricht [　] (　) wurde mit Hilfe [　] (　) durchgeführt. (Philosoph / Assistent)
その哲学者のオンライン授業は、彼の助手の助けを借りて実施された。

❸ Bei der Nutzung [　] (　) muss man eine Gebühr bezahlen. (Geldautomat)
そのATMを使用する際には手数料を払わなければならない。

❹ Der Mangel an Lebensmitteln beeinflusst die Stimmung [　] (　). (Soldat)
食料の不足は、兵士たちの士気に影響する。

❺ Durch seinen langen Brief wollte Peter ihr [　] (　) Liebe mitteilen. (Herz)
長文の手紙によってペーターは彼女に彼の心からの愛を伝えようとした。（2格を前から後ろにかける）

❻ Wir können das Attentat [　] (　) nicht akzeptieren. (Terrorist)
我々はテロリストによるその攻撃を許すことはできない。

❼ Erik kommt aus Finnland. Die erste Muttersprache [　] (　) ist aber Schwedisch. (Finne)
エリックはフィンランド出身だ。そのフィンランド人の第一母語はスウェーデン語だ。

❽ Für die Analyse der alternden Gesellschaft arbeitet der Statistiker eng mit [　] (　) zusammen. (Soziologe)
高齢化社会の分析のため、その統計学者はある社会学者と密に連携している。

❾ Markus ist Marathonläufer. Über die Ernährung [　] (　) berät täglich ein Arzt. (Athlet)
マルクスはマラソンランナーだ。そのアスリートの食事について医師が日々助言を行っている。

❿ Von [　] (　) her vermute ich, dass Herr Nielsen (　) ist. (Nachname / Däne)
彼の苗字から察するに、ニールセンさんはデンマーク人だと思います。

⓫ Es ist nicht selten, dass eine Flugbegleiterin [　] (　) heiratet. (Pilot)
キャビンアテンダントがパイロットと結婚するのは珍しいことではない。

練習問題 レベル 1 2 **3**

{ }に適切な冠詞類を、[ ]に適切な形容詞語尾を、( )に男性弱変化名詞の適切な形を入れてみよう。

❶ Die Fundstätte wurde von { } jung[ ] ( ) sorgfältig untersucht. (Archäologe)
その遺跡は、その若い考古学者によって入念に調査される。

❷ Gestern habe ich { } neu[ ] ( ) getroffen. Er war sehr nett. (Nachbar)
昨日私は、その新しい隣人に出会った。彼はとても感じがいい人だった。

❸ Der Professor betreut jetzt { } japanisch[ ] ( ). (Doktorand)
その教授は現在、ある日本人の大学院生の面倒を見ている。

❹ Die neue Inszenierung von Aida wurde von { } amerikanisch[ ] ( ) entworfen. (Choreograf)
「アイーダ」の新しい演出はそのアメリカ人の振付師によって考案された。

❺ Das neue Rathaus ist von { } polnisch[ ] ( ) entworfen. (Architekt)
その新しい市庁舎は、あるポーランド人の建築家によって設計された。

❻ Die Kameras { } bekannt[ ] ( ) sind alle über 5.000 Euro wert. (Fotograf)
その有名な写真家のカメラはどれも5000ユーロ以上の価値がある。

❼ Das Wahlergebnis hat { } meist[ ] ( ) überrascht. (Politologe)
選挙結果は多くの政治学者を驚かせた。

❽ Der Schwerpunkt { } deutsch[ ] ( ) ist die moderne japanische Literatur. (Japanologe)
そのドイツ人の日本研究者の専門領域は、現代日本文学だ。

❾ Die Behörde stellt { } russisch[ ] ( ) kein Visum aus. (Diplomat)
当局はそのロシア人の外交官にビザを発給しない。

❿ Ich muss { } letzt[ ] ( ) umformulieren. Einige Sätze hier sind etwas unverständlich. (Paragraf)
その最後のパラグラフを書き改めないといけない。いくつかの文がちょっとわかりにくい。

⓫ Das Orchester wird von { } achtzigjährig[ ] ( ) geleitet. (Dirigent)
その楽団は、その80歳の指揮者に率いられている。

⓬ Anstelle von { } krankgeschrieben[ ] ( ) bin ich heute auch für seine Kunden zuständig. (Kollege)
病欠を届け出た私の同僚に代わって、今日は彼のお客さんも担当している。

第2部

応用・総合問題

第26課 定冠詞か不定冠詞か、それとも無冠詞か

定冠詞と定冠詞の格変化についてはすでに練習してきましたが、そもそもどんな状況で定冠詞・不定冠詞を用いるのか、またどちらの冠詞を使うのか、さらに冠詞を必要としないのはどんな場合か、この点を練習問題を通して整理していきましょう。

▼定冠詞を用いる場合

すでに話題になっている特定のもの・ことを指す：der Mann dort あそこにいるその男性

誰もが知っている特定可能なもの・ことを指す：die Sonne 太陽

もの・ことの一般的な性質や特徴を指す：der Mensch 人間というもの

最上級で表現される名詞につける：das schwierigste Thema もっとも難しいテーマ

前置詞や動詞と名詞が結びついた熟語的表現の一部：mit dem Zug 電車で, auf die Idee kommen 思いつく

▼不定冠詞を用いる場合

不特定の単数のもの・ことを指す：eine Post 郵便局

1つ・1人という数を表す：eine Minute 1分

▼冠詞を用いない場合（無冠詞）

不特定の複数のもの・ことを指す：Kinder 子供たち

数えられない概念的・抽象的なもの・ことを指す場合：Geld お金

職業や身分などを表す場合：Architekt 建築家

前置詞や動詞と名詞が結びついた熟語表現の一部：in Betracht ziehen 考慮に入れる

練習問題 レベル 1 2　(　　)に定冠詞または不定冠詞を入れてみよう。

❶ Wollen wir diesen Sommer in (　　) Berge fahren? − (　　) Idee finde ich toll.
この夏は山へ行かないかい？−そのアイデア、いいと思うよ。

❷ In (　　) kleinen Dorf in Bayern verbrachte (　　) Philosoph seine Kindheit.
バイエルンのとある小さな村で、その哲学者は幼年時代を過ごした。

❸ Guten Tag, kann ich für heute Abend (　　) Tisch für sechs Personen reservieren?
こんにちは、今晩、6人で席の予約をすることはできますか？

❹ Karl hat (　　) Sohn. Er wird bald sechs.
カールには息子が1人いる。彼はもうすぐ6歳になる。

❺ Olaf Scholz, (　　) neunte Bundeskanzler, hat in Hamburg Jura studiert.
第9代の連邦首相であるオーラフ・ショルツはかつてハンブルクで法学を専攻していた。

❻ Entschuldigung, junger Mann, haben Sie (　　) Uhrzeit?
すみません、お若い方、現在の時刻はご存じですか？

❼ (　　) Umweltschutz ist eine (　　) wichtigsten Aufgaben im 21. Jahrhundert.
環境保護というのは、21世紀の最も重要な課題の一つである。

❽ Am Ende (　　) Vortrags stand (　　) Dame plötzlich auf und stellte (　　) Redner (　　) Frage.
その講演の最後に、一人の婦人が突然立ち上がり、その講演者に質問を一つした。

❾ (　　) Ärztin bittet den Patienten, nach (　　) Essen (　　) Tablette zu nehmen.
その女医は、食後に薬を一錠服用するように指示した。

❿ Beeilt euch! In (　　) Viertelstunde kommt unser Zug.
急いでよ！15分後には列車が来るよ。

⓫ Erlauben Sie mir bitte zum Schluss noch (　　) Wort.
最後にもう一言だけ言わせてください。

⓬ (　　) Zeit vergeht so schnell, dass das, was man sich wünschte, nur schwer zu verwirklichen ist. Aber so ist (　　) Leben.
時間というのは早く過ぎてしまうので、願ったことを実現するのは難しい。でもそれが人生だ。

⓭ Am Bahnhof gibt es (　　) Laden, wo man auch sonntags was kaufen kann.
駅にはお店が一軒あって、そこでは日曜日でも買い物ができる。

練習問題 レベル 1 2

(　)に適切な冠詞を入れるか。無冠詞の場合には×を付けよう。

❶ Habt ihr jetzt (　　) Zeit? − Nein, leider sind wir in Eile.
君たちはいま時間はある?—いや、僕たちは急いでいるんだ。

❷ Leon ist (　　) Deutscher, aber seine Mutter ist (　　) Französin.
レオンはドイツ人だが、彼の母はフランス人だ。

❸ Brauchen Sie (　　) Plastiktüten? − (　　) Tüte reicht mir schon.
ビニール袋は必要ですか?−一つあれば十分です。

❹ Deutsches Bier hat (　　) Tradition.
ドイツのビールには伝統がある。

❺ Nach (　　) langer Überlegung sind wir zu (　　) Entschluss gekommen, dass wir auch dieses Jahr auf (　　) Bierfest verzichten müssen.
私たちは長い熟慮の末、今年もこのビール祭りを断念せざるを得ないという決定に至りました。

❻ Nach (　　) Überfall in (　　) Münchner Straße stand (　　) Mann unter (　　) Verdacht, der in (　　) Nähe (　　) Tatorts wohnt.
ミュンヒェン通りでのその襲撃事件の後、事件現場近くに住む一人の男に容疑が向けられた。

❼ Bis wann soll (　　) Reparatur (　　) Fahrrads fertig sein? − Es reicht, wenn ich es in (　　) Woche wieder haben kann. Also lassen Sie sich (　　) Zeit.
その自転車の修理はいつまでにしたらいいでしょうか?−1週間後に引き取れれば十分ですよ。ですからどうかゆっくりなさってください。

❽ Als ich aufwachte, war es schon neun, und ich habe (　　) Zug verpasst. So (　　) Pech!
目が覚めたときは既に9時で、列車を逃してしまった。なんと言う災難だ。

❾ (　　) Tankstelle an der Ecke ist rund um (　　) Uhr geöffnet.
その角のガソリンスタンドはいつでも開いている。

❿ Wer reitet so spät durch (　　) Nacht und (　　) Wind?
Es ist (　　) Vater mit seinem Kind.
こんな遅くに、夜と風を切って速く駆け抜けていくのは誰だ?
それは子供を抱えた父親だ。(ゲーテ「魔王」)

⓫ Was machen Sie beruflich? − Ich bin (　　) Ingenieur und arbeite bei (　　) Autohersteller.
あなたのご職業は何ですか?−私はエンジニアで、ある自動車メーカーで働いています。

⓬ Sprecht mich nicht an. Lasst mich einfach in (　　) Ruhe.
話しかけないでよ。僕を放っておいてくれ。

⑬ Hör mal, (　　) Visumsantrag ist sehr kompliziert. − So ist leider (　　) deutsche Bürokratie.
聞いてよ、滞在許可の申請がすごく面倒なんだ。−残念だけどそれがドイツのお役所さ。

⑭ Als (　　) Nachtisch wurde uns (　　) Obst serviert.
デザートとして果物が私たちに提供された。

⑮ Beim Erdbeben musst du dich in (　　) Sicherheit bringen. (　　) Leben hat nämlich (　　) höchste Priorität.
地震の際は、自分を安全な所に避難させなくてはいけないよ。命が一番大事だからね。

⑯ Auf (　　) Schulweg sah Nina (　　) Sportwagen, der (　　) Ampel ignorierte.
学校への道筋で、ニーナは、信号を無視して走る一台のスポーツカーを目撃した。

⑰ Vor (　　) Reise nach Japan solltest du (　　) Reisezeit in (　　) Betracht ziehen.
日本に旅行に行く前に、君は旅行の時期を考慮した方がよい。

⑱ Für (　　) Praktikum in (　　) Bank muss man (　　) Gespräch mit (　　) Personalabteilung führen.
その銀行でインターンをするには、一度人事部と面接をしなくてはならない。

⑲ Wegen (　　) Inflation ist (　　) Glühweinpreis im Vergleich mit dem vor (　　) Pandemie um etwa 1 Euro gestiegen.
インフレにより、グリューヴァインの価格は、感染症流行の前と比較して約1ユーロ上がった。

⑳ (　　) viele Bürger gingen auf (　　) Straße, um an (　　) Demonstration gegen (　　) Krieg teilzunehmen.
戦争に反対するデモに参加するため、多くの市民が路上に繰り出した。

㉑ Wie sind Sie auf (　　) Idee gekommen, mit (　　) Arbeit aufzuhören und wieder zu studieren?
仕事を辞めて、また大学で学ぼうなんて考えに、君はどうしてなったんだい？

㉒ Ist das (　　) Besteck, das du auf (　　) Flohmarkt gekauft hast?
これが、君がフリーマーケットで買ったという例の食器かい？

㉓ Entschuldigung, kann ich (　　) Sitzplatz am Fenster reservieren?
すみません、窓側の席を一席予約することはできますか？

㉔ Wie viel kostet (　　) Schweinfleisch? − 9 Euro (　　) Kilo.
この豚肉はおいくらですか？−1キロ当たり9ユーロです。

㉕ Wegen seines feinen Service genießt (　　) Hotel (　　) hohes Ansehen.
きめ細かなサービスにより、そのホテルは名声を博している。

第27課

単数と複数

ドイツ語の名詞は通常、1つ（1人）を指す単数形と、それ以上を表す複数形に分けられます（単数形のみの名詞、複数形のみの名詞もあります）。複数形では、名詞の性にかかわらず複数形特有の定冠詞の変化をするほか、不定冠詞をつけることができません（所有冠詞・否定冠詞はつけられる）。また主語が複数の場合、単数形とは動詞の人称語尾も変わるので注意しましょう。

▼複数形の作り方：

① **無語尾型**（単複同形または母音にウムラウト）

der Lehrer（教師）→die Lehrer　　der Vater（父）→die Väter

② **語尾に-e**（＋母音にウムラウト）

der Tag（日、昼）→die Tage　　die Nacht（夜）→die Nächte

③ **語尾に-n または-en**

die Flasche（ボトル）→die Flaschen

die Übung（練習問題）→die Übungen

④ **語尾に-er**（＋母音にウムラウト）

das Ei（卵）→die Eier　　das Blatt（葉）→die Blätter

⑤ **語尾に-s**

das Handy（携帯）→die Handys　　das Auto（車）→die Autos

▼複数形の定冠詞：

	定冠詞	無冠詞	所有冠詞	否定冠詞
1格	die Eltern	Nächte	meine Autos	keine Plätze
2格	der Eltern	Nächte	meiner Autos	keiner Plätze
3格	den Eltern	Nächten	meinen Autos	keinen Plätzen
4格	die Eltern	Nächte	meine Autos	keine Plätze

・複数3格では名詞の語尾に-nをつける。ただし、複数形がnで終わっている場合や、語尾に-sがつく場合には、名詞の語尾に-nをつけない。

・複数形のみの名詞：

die Eltern（両親）, die Geschwister（兄弟姉妹）, die Ferien（休暇）など

練習問題 レベル 1 2 3

下線部を複数形にして、適切な冠詞類とともに（　）に入れましょう。

❶ Das Kind ist sehr süß. → (　　) sind sehr süß.
その子供はとてもかわいい。 → その子供たちはとてもかわいい。

❷ Wie findest du das Bild? → Wie findest du (　　)?
君はその絵画をどう思う？ → 君はそれらの絵画をどう思う？

❸ Die Tasche gehört mir. → (　　) gehören mir.
そのカバンは私のものだ。 → それらのカバンは私のものだ。

❹ Der Autor des Buches ist sehr berühmt. → Der Autor (　　) ist sehr berühmt.
その本の著者はとても有名だ。 → それらの本の著者はとても有名だ。

❺ Der Termin passt meinem Freund nicht.
→ Der Termin passt (　　) nicht.
その日程は私の友人には合わない。 → その日程は私の友人たちには合わない。

❻ Paul fährt mit seiner Schwester nach Wien.
→ Paul fährt mit (　　) nach Wien.
パウルは彼の妹とウィーンへ行く。 → パウルは彼の姉妹とウィーンに行く。

❼ Kennst du den Mann dort? → Kennst du (　　) dort?
君はあそこにいる男を知っている？ → 君はあそこにいる男たちを知っている？

❽ Das Restaurant ist gut besucht. → (　　) sind gut besucht.
そのレストランは繁盛している。 → それらのレストランは繁盛している。

❾ Es gibt keinen Platz mehr. → Es gibt (　　) mehr.
もはや席が残っていない。 → もはや席が残っていない。

❿ Bevor ich zur Arbeit gehe, bringe ich meinen Sohn in die Kita.
→ Bevor ich zur Arbeit gehe, bringe ich (　　) in die Kita.
仕事に行く前に私は私の息子を託児所へ連れて行く。
→ 仕事に行く前に私は私の息子たちを託児所へ連れて行く。

⓫ Leon, kannst du die Tür schließen?
→ Leon, kannst du (　　) schließen?
レオン、そのドアを閉めてくれない？ → レオン、それらのドアを閉めてくれない？

⓬ Der Zug hat Verspätung. → (　　) haben Verspätung.
その列車は遅れています。 → それらの列車は遅れています。

⓭ Das Hotelzimmer gefällt dem Gast sehr.
→ (　　) gefallen (　　) sehr.
その客はホテルの部屋を気に入っている。 → その客たちはホテルの部屋を気に入っている。

練習問題 レベル 1 2 3

例にならい、文中の名詞・代名詞をすべて複数形にして全文を書き換えよう。

例：Der Vater hat seinem Kind das Buch geschenkt.
父は彼の子供に一冊の絵本をプレゼントした。

→ **Die Väter** hab**en** **ihren Kindern** **die Bücher** geschenkt.
父たちは彼らの子供たちにそれらの本をプレゼントした。

❶ Das Buch des Autors verkauft sich gut.　その著者の本はよく売れている。

→

（それらの著者たちの本はよく売れている）

❷ Die Wohnung wird bald renoviert.　その住居はもうすぐ改修される。

→

（それらの住居はもうすぐ改修される）

❸ Der Lehrer unterrichtet den Schüler.
その教師はその生徒に教える。

→

（その教師たちはその生徒たちに教える）

❹ Diese Uhr wird von dem Uhrmacher repariert.
この時計はその時計職人により修理される。

→

（これらの時計は、その時計職人たちにより修理される）

❺ Welches Land möchtest du besuchen?　君はどの国を訪れたい？

→

（君たちはどの国々を訪れたい？）

❻ Das Auto hier gehört mir.　ここにある車は私のものだ。

→

（ここにある車は、私たちのものだ）

❼ Der Mann kauft den Anzug und das Hemd.
その男性はそのスーツとシャツを買う。

→

（その男たちは、それらのスーツとシャツを買う）

❽ Der Schüler wurde von dem Lehrer gelobt.
その生徒はその先生に褒められた。

→

（その生徒たちはその先生たちに褒められた）

練習問題 レベル 1 2 **3**

例にならい、文中の名詞・代名詞をすべて複数形にして全文を書き換えよう。(不定冠詞に注意)

例：Die junge Mutter zeigte ihrer Tochter einen englischen Film.
その若い母親は彼女の娘に一本のイギリスの映画を見せた。

→ **Die jungen Mütter** zeigte**n** **ihren Töchtern** **englische Filme**.
(その若い母親たちは、彼女らの娘たちに、イギリスの映画を見せた)

❶ Ein deutscher Künstler hat den Preis gewonnen.
一人のドイツ芸術家がその賞を獲得した。

→

(ドイツ人の芸術家がそれらの賞を獲得した)

❷ Das spanische Gericht schmeckte dem Japaner sehr.
そのスペイン料理は日本人の口によく合った。

→

(それらのスペイン料理は、その日本人たちの口によく合った)

❸ Der Experte hat einen fatalen Fehler gemacht.
その専門家はある致命的な間違いを犯した。

→

(その専門家たちは致命的な間違いを犯した)

❹ Die japanische Reisegruppe besucht heute das alte Schloss.
日本の団体客は今日その古城を訪れる。

→

(日本の団体客たちは今日それらの古城を訪れる)

❺ Ein Passagier hat einer Dame beim Aussteigen geholfen.
ある乗客が一人の婦人の降車を手伝った。

→

(乗客たちは、婦人たちの降車を手伝った)

❻ Ein Gast kommt noch. Ich brauche noch einen Stuhl.
客がもう一人来る。椅子がもう一脚必要だ。

→

(お客さんたちはまだ来る。私たちは椅子がもっと必要だ)

❼ Auf der Hügel steht ein elegantes Ferienhaus.
丘の上に一件のエレガントな別荘が建っている。

→

(数々の丘の上に、エレガントな別荘が建っている)

第28課 冠飾句

冠飾句は、動詞の現在分詞や過去分詞を形容詞の付加語として用いて名詞を修飾する際、その前にさらに形容詞や副詞、前置詞句などを加えることで、現在分詞や過去分詞が表す動作がどう行われている（いたか）を詳しく説明するために用いられます。現在分詞や過去分詞は、形容詞の付加語的用法として用いられるため、冠詞の有無と名詞の性・数、文中での格に応じて語尾変化します。

・過去分詞を用いた冠飾句（〜された…）

der Präsident → *der* gewählte *Präsident* その選ばれた大統領

＊wählenの過去分詞gewählt を形容詞的に用いて名詞を修飾：選ばれた大統領

→*der* mit großer Mehrheit der Bürger gewählte *Präsident*

市民の大多数により選ばれたその大統領

＊どう選ばれたかを、gewähltの前の前置詞句で表現：市民の大多数により選ばれた

Der mit großer Mehrheit der Bürger gewählte *Präsident* hält morgen seine Antrittsrede.

市民の大多数により選出されたその大統領は、明日、就任演説を行う。

関係代名詞で言い換えると：

Der Präsident, der mit großer Mehrheit der Bürger gewählt wurde, hält morgen seine Antrittsrede.

・自動詞の過去分詞を用いた冠飾句（〜した…）

Die Münchner Bürger begrüßten *die* aus Syrien eingereisten *Flüchtlinge* herzlich.

ミュンヒェンの市民は、シリアから到着した難民たちを温かく出迎えた。

関係代名詞で言い換えると：*die Flüchtlinge, die* aus Syrien eingereist sind

・zu不定詞を用いた冠飾句

Das ist *ein* nicht leicht zu lösendes *Problem.*

それは、容易には解決できない問題だ。

関係代名詞で言い換えると：*ein Problem, das* nicht leicht zu lösen ist

練習問題 レベル 1 2

例にならって[　　]の語句を変化させて冠飾句を作り（　　）に入れましょう。

例：Der (　　　　　) Kuchen schmeckt wunderbar. [von Laura gebacken werden]

→Der **von Laura gebackene** Kuchen schmeckt wunderbar.
ラウラによって焼かれたケーキはおいしい。

❶ Der (　　　　　) Punkt ist sehr wichtig. [anfangs erwähnt werden]
冒頭で言及された点はとても重要です。

❷ Das (　　　　　) Abkommen tritt heute in Kraft.
[von beiden Staaten vereinbart werden]
両国によって合意されたその協定は今日から効力を発する。

❸ Weil es diesen Winter noch wenig schneite, ist das Skigelände vom (　　　　　) Schnee abhängig. [künstlich gemacht werden]
この冬はまだあまり降雪がないので、スキー場は人工（的に作られた）雪に頼らざるを得ない。

❹ Die Mutter hat mehrmals versucht, ihr (　　　　　) Baby zu stillen. [ständig weinen]
その母親は、泣き続ける彼女の赤ん坊を静めようと何度も試みた。

❺ Zu Ostern suchen die Kinder im Garten die (　　　　　) Eier.
[bunt gemalt werden]
復活祭には、子供たちは庭で、鮮やかに色を塗られた卵を探します。

❻ Wenn du die Straße überquerst, pass auf die (　　　　　) Autos auf. [schnell fahren]
その通りを横切るときは、スピードを出して走っている車に気をつけてね。

❼ Wegen des (　　) Stromausfalls können wir noch nicht mal unsere Handys aufladen. [seit zwei Tagen andauern]
2日前から続いている停電のせいで、私たちは携帯の充電すらできない。

❽ Möchtest du (　　　　　) Orangensaft trinken? [frisch gepresst werden]
君は、絞りたてのオレンジジュースを飲みたいですか？

❾ Das (　　　　　) Gemälde wurde sorgfältig restauriert. [durch den Luftangriff stark beschädigt werden]
空襲によって激しく損傷したその絵画は、ていねいに修復された。

❿ Das (　　　　) Buch verkauft sich gut.
[von diesem Schriftsteller vor kurzem veröffentlicht werden]
この作家によって最近出版されたその本はよく売れている。

練習問題
レベル 1 2

例にならって、関係文の代わりに冠飾句を用いた表現に直してみよう。

例：Der Roman, der von Goethe geschrieben wurde, ist auch in Japan berühmt.　ゲーテにより書かれたその小説は、日本でも有名です。

→ <u>Der von Goethe geschriebene Roman</u> ist auch in Japan berühmt.

❶ Den Rotwein, der in dieser Gegend erzeugt wird, trinken wir gerne.
この地方で生産されるその赤ワインを、私たちは好んで飲みます。

→

❷ Erik gibt dem Mann, der in der U-Bahn Geige spielt, ab und zu ein paar kleine Münzen.
エーリックは、地下鉄の中でバイオリンを弾くその男性に、たまに小銭をあげる。

→

❸ Max schenkte seiner Freundin eine Halskette, die in Deutschland schwer zu erwerben ist.
マックスはガールフレンドに、ドイツでは入手困難なネックレスを贈った。

→

❹ Die Bildqualität der Fotos, die von meinem iPhone aufgenommen wurden, ist nicht schlecht.
私のiPhoneで撮影された写真の画質は悪くない。

→

❺ Die Pizza, die von dem Essenskurier geliefert wurde, schmeckte leider nicht so gut.
宅配サービスで届けられたそのピザは残念ながらあまりおいしくなかった。

→

❻ Die Neunte Symphonie Beethovens zu spielen ist ein Phänomen, das in Japan zu Jahresende vielerorts zu beobachten ist.
ベートーヴェンの第九を演奏するというのは、年末に日本の多くの場所で見られる現象だ。

→

❼ Die Frauenkirche, die durch den Krieg zerstört wurde, wurde 2005 komplett wiederaufgebaut.
戦争により破壊された聖母教会は、2005年に完全な形で再建された。

→

❽ Seid ruhig, damit das Baby, das eben eingeschlafen ist, nicht wieder wach wird.
寝入ったばかりの赤ん坊が再び起きてしまわないよう、静かにしなさい。

→

❾ Gegen die Energiepreise, die weiter steigen, kann die Regierung keine effizienten Maßnahmen treffen.
上がり続けるエネルギー価格に対し、政府は実効性のある対策を講じることができない。

→

❿ In der U-Bahn, die von den Fußballfans überfüllt war, war es sehr laut und chaotisch.
サッカーファンでいっぱいの地下鉄の車内は、とても騒がしくて混沌としていた。

→

⓫ Die Familie, die vor 20 Jahren aus der Türkei immigriert ist, findet das Leben in Deutschland bequem.
20年前にトルコから移住してきたその家族は、ドイツの暮らしを快適だと感じている。

→

⓬ Das Gesetz, das gestern im Parlament einstimmig verabschiedet wurde, tritt im nächsten Jahr in Kraft.
昨日議会で全会一致で可決されたその法律は、来年施行される。

→

⓭ Auf seinem Heimweg begegnete er vor der Marienkirche einem Mädchen, das zitternd weinte.
帰り道、彼はマリエン教会の前で、体を震わせて泣いている一人の少女に出会った。

→

⓮ Wegen des Unwetters mussten wir den Ausflug, der am Sonntag geplant war, ausfallen lassen.
悪天候のため、私たちは日曜日に計画していた遠足を中止しなくてはならなかった。

→

⓯ Nach seinem Jurastudium, das von einem Stipendium gefördert wurde, wurde er Staatsanwalt.
奨学金による支援を受けて法律を専攻した後、彼は検察官になった。

→

⓰ Für die Umwelt sollten die LED-Lampen mehr eingesetzt werden, die den Stromverbrauch deutlich reduzieren.
環境のために、電力使用を大幅に節約できるLEDランプがもっと活用されるべきだ。

→

⓱ Der neue Außenminister ist mit vielen Aufgaben konfrontiert, die sofort zu lösen sind.
新しい外務大臣は、すぐに解決されなければならない多くの課題に直面している。

→

第29課 受動態

「～される（された）」を表す受動態（受け身）は「werden（受け身の助動詞：人称変化して２番目に）＋過去分詞（文末に）」で表現します。能動態の直接目的語（４格の目的語）が受動態の主語となり、能動態の主語は受動態では行為者になります（von＋３格：人の場合、または durch＋４格：事象などの要因）。格が変わることで、冠詞類や代名詞、形容詞なども形が変化するので注意しましょう。

能動態：**Der junge Architekt** entwirft *den Bauplan des neuen Rathauses*.

↓

受動態：*Der Bauplan des neuen Rathauses* wird **von dem jungen Architekten** entworfen.

（その新しい市庁舎の設計図は、その若い建築家によって描かれる）

＊能動態の直接目的語＝４格 → 受動態の主語＝１格に：den ... → der ...

＊能動態の主語＝１格 → 受動態の行為者＝von ＋ ３格に： *der* junge Architekt → von **dem** jung**en** Architekt**en** ←形容詞の語尾や、男性弱変化名詞にも注意

＊定動詞はentwirft → 受け身のwerdenの３人称単数wird、文末に過去分詞entworfen

能動態：**Der britische Luftangriff** zerstörte *die Altstadt*.

↓

受動態：*Die Altstadt* wurde **durch den britischen Luftangriff** zerstört.

（旧市街は、イギリスによる空襲により破壊された）

＊能動態の直接目的語＝４格 → 受動態の主語＝１格に：die ... → die ...

＊能動態の主語＝１格 → 受動態の原因＝druch ＋ ４格に：

der britisch**e** Luftangriff → durch **den** britisch**en** Luftangriff ←形容詞の語尾にも注意

＊定動詞はzerstörte → 受け身のwerdenの過去形wurde、文末に過去分詞zerstört

受動態の現在完了：完了の助動詞sein ＋ 過去分詞＋worden（受け身の助動詞werdenの過去分詞）

（完了の助動詞）　（schreibenの過去分詞）　（受け身の助動詞werdenの過去分詞）

Der Brief **ist** von einem Komponisten **geschrieben worden**.

その手紙はある作曲家により書かれた。

練習問題 レベル 1 2

次の受動態の文の（　）に適切な定冠詞を入れましょう。

❶ Der Koch macht die Torte. → (　) Torte wird von (　) Koch gemacht.
その料理人はそのタルトを焼く。→そのタルトはその料理人によって焼かれる。

❷ Die Eltern lobten die Kinder.
→ (　) Kinder wurden von (　) Eltern gelobt.
両親は子供たちを褒めた。→子供たちは両親に褒められた。

❸ Die Polizei nahm den Verdächtigen fest.
→ (　) Verdächtige wurde von (　) Polizei festgenommen.
警察はその容疑者（男性）を逮捕した。→その容疑者は警察により逮捕された。

❹ Der Sturm zerstörte die Brücke.
→ (　) Brücke wurde durch (　) Sturm zerstört.
その嵐は、その橋を壊した。→その橋は嵐のせいで破壊された。

❺ Die Hitze raubte mir die Kraft.
→ Durch (　) Hitze wurde mir (　) Kraft geraubt.
暑さが私から力を奪った。→暑さにより私から力が奪われた。

❻ Der Arzt untersucht den Patienten.
→ (　) Patient wird von (　) Arzt untersucht.
その医者はその患者を検査する。→その患者はその医者により検査される。

❼ Die Stiftung fördert den Regisseur.
→ (　) Regisseur wird von (　) Stiftung gefördert.
その財団はその映画監督を支援している。→その映画監督はその財団に支援されている。

❽ Das Grundgesetz garantiert die Religionsfreiheit. → (　) Religionsfreiheit wird durch (　) Grundgesetz garantiert.
基本法（憲法）は信教の自由を保障している。→信教の自由は基本法により保証されている。

❾ Das soziale Netzwerk verbreitete schnell den Skandal. → (　) Skandal wurde durch (　) soziale Netzwerk schnell verbreitet.
ソーシャルメディアはそのスキャンダルをすぐに広めた。→そのスキャンダルは、ソーシャルメディアによってすぐに広められた。

❿ Das Kind malt das Bild des Vaters.
→ (　) Bild des Vaters wird von (　) Kind gemalt.
その子供は父親の絵を描く。→父親の絵は、その子供によって描かれる。

⓫ Die Sekretärin leitet die E-Mail an ihn weiter.
→ (　) E-Mail wird von (　) Sekretärin an ihn weitergeleitet.
秘書はそのメールを彼に転送する。→そのメールは、秘書によって彼に転送される。

⓬ Der Redakteur korrigiert die Druckfehler.
→ (　) Druckfehler werden von (　) Redakteur korrigiert.
その編集者は誤字を修正する。→誤字は、その編集者によって修正される。

練習問題 レベル 1 2

例にならい、能動態の文を受動態にしよう。(時制にも注意)

例：Der Landwirt hat die Biokartoffeln angebaut.
その農家は有機栽培のジャガイモを栽培した。

→Die Biokartoffeln sind von dem Landwirt angebaut worden.
有機栽培のジャガイモはその農家によって栽培された。(受け身の現在完了)

❶ Der Gepäckträger bringt meinen Koffer ins Zimmer.
そのポーターは私のスーツケースを部屋に運んでくれる。

→

(私のスーツケースは、そのポーターによって部屋に運ばれる)

❷ Der Youtuber hat die Liebesaffäre des Schauspielers entlarvt.
そのユーチューバーは、その俳優の情事を暴いた。

→

(その俳優の情事はそのユーチューバーによって暴かれた)

❸ Das Urheberrecht schützt unsere materiellen sowie geistigen Schöpfungen.
著作権は、私たちの物質的・精神的な創造の産物を守っている。

→

(私たちの物質的・精神的な創造の産物は、著作権により守られている)

❹ Die Ministerin ernannte den Professor zum Chef des Untersuchungskomitees.
その大臣(女性)はその教授を、調査委員会のチーフに任命した。

→

(その教授は、その大臣によって調査委員会のチーフに任命された)

❺ Viele Wähler kritisieren den Politiker wegen seines arroganten Benehmens.
多くの有権者がその政治家を、その傲慢な振る舞いゆえに批判している。

→

(その政治家は、その傲慢な振る舞いゆえに多くの有権者に批判されている)

❻ Die neue ICE-Strecke verkürzt die Fahrtdauer nach München um 30 Minuten.
その新しいICEの路線は、ミュンヒェンへの所要時間を30分短縮する。

→

(ミュンヒェンへの所要時間は、その新しいICEの路線により30分短縮される)

❼ Das Stipendium ermöglichte sein Masterstudium in den USA.
その奨学金が、彼のアメリカでの修士課程の勉強を可能にした。

→

（彼のアメリカでの修士課程の勉学は、その奨学金によって可能になった）

❽ Die Stichwahl am nächsten Sonntag entscheidet das neue Staatsoberhaupt.

今度の日曜日の決選投票が、新しい国家元首を決定する。

→

（新しい国家元首は、今度の日曜日の決選投票によって決められる）

❾ Die Sanitäter haben den Verletzten ins Krankenhaus gebracht.

救急隊員は、その負傷者を病院へ搬送した。

→

（その負傷者は、救急隊員により病院へ搬送された）

❿ Auch der zusätzliche Kredit der Bank kann die Reiseagentur nur vorläufig retten.

銀行の追加融資をもってしても、その旅行会社を一時的にしか救うことはできない。

→

（その旅行会社は、銀行の追加融資によっても一時的にしか救われえない）

⓫ Viele Japaner besuchen das Schloss Neuschwanstein.

多くの日本人がノイシュヴァンシュタイン城を訪問する。

→

（ノイシュヴァンシュタイン城は多くの日本人により訪問される）

⓬ Die Designerin hat den schicken Hut entworfen.

その女性デザイナーがそのおしゃれな帽子をデザインした。

→

（そのおしゃれな帽子は、その女性デザイナーによってデザインされた）

⓭ Der Assistent des Professors hat das Unterrichtsmaterial auf die Webseite hochgeladen.

教授のアシスタントが、授業資料をウェブサイト上にアップロードした。

→

（授業資料は、教授のアシスタントによりウェブサイト上にアップロードされた）

⓮ Die Wächter müssen das Bargeld sorgfältig transportieren.

警備員たちは、その現金を慎重に輸送しなくてはならない。

→

（その現金は、警備員たちによって慎重に輸送されなければならない）

第30課 総合問題①冠詞編

練習問題

日本語訳を参考にして、(　　) に適切な冠詞類を入れましょう。(格変化にも注意)

❶ Wenn Sie (　　) ICE nehmen, dann kommen Sie schon am Abend in Paris an.
そのICEを利用すれば、夕方にはパリに着けますよ。

❷ Emilia hat (　　) Lust, im Sommer wieder nach Mallorca zu fliegen.
エミーリアは、夏にまたマジョルカ島に行く気はない。

❸ Wie ist (　　) Temperatur draußen?
外の気温は何度ですか?

❹ Zeigen Sie mir bitte, wie (　　) Scanner hier funktioniert.
ここにあるそのスキャナーがどう動くのか、教えてくれませんか。

❺ Entschuldigung, ich hätte gerne (　　) Stück Aprikosentorte.
すみません、アプリコットのタルトを1切れいただきたいのですが。

❻ Hat (　　) Essen geschmeckt? −Ja, super.
食事はおいしかったですか?−はい、とても。

❼ Guten Morgen, kann ich (　　) Zimmernummer haben?
おはようございます、あなたのお部屋番号を伺ってもよろしいですか?

❽ Kannst du mir (　　) Zahnbürste kaufen, wenn du in (　　) Drogerie gehst?
ドラッグストアに行くのなら、私に歯ブラシを一つ買ってきてくれない?

❾ (　　) Handarbeit bedarf (　　) ganzen Menge Zeit und auch Kosten.
その手作業は、時間も費用も非常に多く必要とする。

❿ Als Tochter (　　) Pastors ist (　　) Politikerin 1954 in Hamburg geboren.
その女性政治家は、1954年にある牧師の娘としてハンブルクで生まれた。

⓫ Wenn (　　) Tumor bösartig ist, muss er durch (　　) Operation entfernt werden.
その腫瘍が悪性であるならば、それは (ある) 手術によって取り除かれねばならない。

⓬ Wer trägt denn (　　) Kosten dafür, wenn (　　) Mutter in (　　) Pflegeheim umzieht,
私たちのお母さんが (ある) 介護施設に入居する場合、一体誰がその費用を負担するわけ?

⓭ Hallo, ich möchte (　　) Bratwurst mit Pommes, dazu noch (　　) Flasche Cola, bitte.
こんにちは、グリルソーセージとポテテ、それにコーラをお願いします。

⓮ (　　) Café „Leopold“ in (　　) Kärntner Gasse ist immer gut besucht.
ケルントナー小路にあるカフェ「レオポルト」はいつもお客さんがよく入っている。

⓯ Es regnet stark, es ist kalt und auch windig. Was für (　　) Tag ist heute!
雨が降っていて、寒くて風も強い。今日は何という日だ！

⓰ Paul hat (　　) Studium unterbrochen, um (　　) Praktikum bei (　　) Bank zu machen.
パウルは、ある銀行でインターンをするため、自身の大学での勉学を中断した。

⓱ (　　) Wievielten haben wir heute? －Heute ist (　　) sechste Mai.
今日は何月何日ですか？－今日は5月6日です。

⓲ Bitcoin ist (　　) Kryptowährung, die in manchen Ländern nun als gesetzliches Zahlungsmittel gilt.
ビットコインは、今やいくつかの国で法定通貨として認められている仮想通貨の一つである。

⓳ Um (　　) Planeten nachhaltig zu machen, ist (　　) internationale Abkommen zum Klimaschutz sehr wichtig.
私たちの惑星を持続可能にするため、その温暖化対策の国際的な取り決めが非常に重要である。

⓴ In Japan ist (　　) sogenannte „Pilgerfahrt“ unter jungen Leuten beliebt. So besucht man gern Orte, in denen (　　) Film oder (　　) Fernsehserie gedreht wurde.
日本では、いわゆる「聖地巡礼」が若者の間で人気です。人々は、映画やテレビのシリーズ作品が撮影された場所を好んで訪れます。

㉑ Im Sommer 1990, kurz vor (　　) Wiedervereinigung, wurde Deutschland Fußball-Weltmeister.
1990年の夏、再統一の少し前に、ドイツはサッカーの世界王者になった。

㉒ (　　) Austritt Großbritanniens aus (　　) EU hat auch auf Japan (　　) großen Einfluss ausgeübt.
イギリスのEUからの脱退は、日本にも大きな影響を及ぼした。

㉓ In Deutschland braucht man grundsätzlich (　　) Studiengebühr zu zahlen.
ドイツでは原則的に、大学の授業料を支払う必要はありません。

㉔ Wegen (　　) Stromausfalls konnte man gestern (　　) Fahrstuhl benutzen.
その停電により、昨日はエレベーターを使うことができませんでした。

㉕ Können Sie mir (　　) Ventilator leihen? Im Zimmer ist es zu warm.
扇風機を貸してくれませんか？　部屋が暑いんです。

㉖ Anstelle von (　　) Vater stellte (　　) älterer Bruder den Antrag auf das Arbeitslosengeld.
私の父の代わりに、私の兄が失業手当の申請を行った。

㉗ (　) Verfassung ist auch in (　) Alltagsleben sehr wichtig.
憲法というのは、私たちの日々の生活においても非常に大事なものだ。

㉘ Zu (　) großen Erstaunen sprach (　) Deutsche perfekt Japanisch.
私が非常に驚いたことに、そのドイツ人女性は完璧に日本語を話した。

㉙ Was verstehen Sie unter (　) Wort „Querdenker“?
「水平思考者」という言葉を、あなたはどう理解していますか？

㉚ Wo hast du (　) Nachricht gehört, dass (　) Gesetz geändert wird?
その法律が改正されるというニュースを、君はどこで聞いたんだい？

㉛ Es war (　) Ziel (　) japanischen Mannschaft, bei (　) Fußball-WM zum ersten Mal in (　) Achtelfinale zu kommen.
サッカーワールドカップで８強に進むというのが、日本チームの目標だった。

㉜ Infolge (　) alternden Gesellschaft wird sich (　) Problem (　) Arbeitskräftemangels weiter verschärfen.
社会の高齢化により、労働力不足という問題はますます深刻化するだろう。

㉝ Was er sagte, war nur (　) Scherz. Aber (　) Leichtsinn hat (　) Freundin empört.
彼が言ったことは単なるおふざけだった。しかしこの軽率さが、彼の彼女を激怒させた。

㉞ Ihm hätte ich (　) Wahrheit sagen sollen. Ihn betrogen zu haben war (　) Fehler.
彼には真実を伝えるべきだった。彼に嘘をついたのは、私の間違いだった。

㉟ Wenn man auf (　) Insel fahren möchte, muss man (　) Boot chartern, weil es dort (　) reguläre Fähre gibt.
定期便がないので、その島へ渡りたければボートを一隻チャーターしなくてはいけません。

㊱ In Japan werden (　) Renovierungskosten meist von (　) Kaution abgezogen.
日本では（退去時の）改装費用はたいてい敷金から差し引かれます。

㊲ Neben (　) Therme gibt es auch (　) Spielcasino. (　) Casino ist ab 20 Uhr offen.
その浴場の横にはカジノもあり、そのカジノは20時から開いています。

㊳ (　) deutsche Nationalmannschaft ist bei (　) WM schon in (　) Vorrunde ausgeschieden.
ドイツのナショナルチームは、ワールドカップで既に予選リーグで敗退してしまった。

㊴ (　) Überweisung kann auch online gemacht werden. Am Schalter muss man (　) Gebühr bezahlen.
銀行振り込みはオンラインでも可能です。窓口では追加料金を払わなくてはいけません。

㊵ (　) dritte Oktober ist (　) Tag (　) deutschen Einheit.
10月3日は、ドイツ統一の日です。

㊶ Wilhelm sorgt sich um (　　) Gesundheit. Deshalb isst er abends (　　) Fleisch.
ヴィルヘルムは自身の健康を気にしている。そのため夕食にお肉を食べない。

㊷ Seit (　　) Woche herrscht in ganz Deutschland (　　) Hitzewelle.
1週間前から、ドイツ全土を熱波が襲っています。

㊸ Als Paul nach Hause kam, war (　　) Frau schon ausgegangen.
パウルが帰宅した時には、彼の妻はすでに出かけてしまっていた。

㊹ In (　　) Mitte (　　) Parks gibt es (　　) kleinen Teich und (　　) chinesischen Pavillon.
その公園の中心には、小さな池と中国風のパビリオンがあります。

㊺ Manuela ist immer noch böse auf (　　) Partner, weil er mit (　　) anderen Frau ausgegangen war.
マニュエラは彼女のパートナーに今なお怒っている。というのも、彼がある別の女性と外出していたからだ。

㊻ In (　　) überfüllten Bus wurde mir (　　) Reisepass gestohlen.
混雑したそのバスの中で、私はパスポートを盗まれた。

㊼ Kannst du (　　) QR-Code scannen? Dann erfährst du Näheres über (　　) Geschichte (　　) Burg. [der QR-Code]
このQRコードをスキャンできますか?そうしたらこの城の歴史に関してもっと詳しいことがわかります。

㊽ Nach (　　) Einreise nach Deutschland muss man innerhalb von 90 Tagen (　　) Visum beantragen.
ドイツに入国後、90日以内にビザを取得しなくてはなりません。

㊾ (　　) Drucker selbst funktioniert schon, aber wir haben (　　) Tinte mehr.
プリンター自体は動くんだけど、トナーがないんだ。

㊿ Der Priester gab (　　) Obdachlosen, die unter (　　) Brücke froren, Geld und Lebensmittel.
その司祭は、橋の下で凍えていたホームレスの人々にお金と食料を与えた。

51 (　　) ohne künstliche Farbstoffe gebackene Kuchen kostet zwar viel, schmeckt aber köstlich.
人工着色料を使わずに焼かれたそのケーキは確かに値が張るが、とてもおいしい。

52 (　　) Wochenende lädt Jörg (　　) Freundinnen und Freunde zur Grillparty ein.
イェルクは毎週末、彼の友人をバーベキューパーティーに招く。

53 An (　　) Wand (　　) Zimmers hängt (　　) ausgestopfter Vogel.
彼の部屋の壁には、鳥の剥製が掛かっている。

54 Es hängt von (　　) Lage in Polen ab, ob wir dort (　　) Feldforschung machen.
私たちがポーランドでその現地調査をするかどうかは情勢次第である。

第30課 総合問題②格変化編

練習問題

日本語を参考に、(　)に適切な語（関係代名詞、不定関係代名詞、不定代名詞、再帰代名詞、人称代名詞、所有代名詞、指示代名詞）を入れましょう。

❶ (　　) als Letzter das Zimmer verlässt, soll das ganze Gebäude verriegeln.
この部屋を最後に出る人には、建物全体を施錠してもらいたい。

❷ Verstehst du, (　　) ich meine? －Ja, ich verstehe (　　) schon.
私が言っていることが理解できる?－うん、君のことをちゃんと理解しているよ。

❸ Thomas kann (　　) nicht mehr daran erinnern, wo er seine Tasche verlegt hat.
トーマスは、どこにカバンを置き忘れたのか、もう思い出せない。

❹ Thüringen ist (　　) der Bundesländer, (　　) 1990 in die BRD eingegliedert wurden.
テューリンゲンは、1990年にドイツ連邦共和国に編入された州のうちの一つです。

❺ In fünf Minuten bin ich da. Kannst du noch auf (　　) warten?
あと5分で着くんだ。僕をもうちょっと待っていてくれない?

❻ Wir haben (　　) so lange im Café unterhalten, dass keine U-Bahn mehr fuhr.
私たちはあまりにも長時間カフェで語っていたので、地下鉄がもうなくなっていた。

❼ Wenn Ihnen das Hemd passt, dann gebe ich (　　) (　　).
そのシャツがあなたに合うのでしたら、私はそれをあなたに差し上げますよ。

❽ Piemonte ist (　　) der bekannten Anbaugebiete des italienischen Rotweins.
ピエモンテは、イタリアの赤ワインの有名な生産地の一つです。

❾ (　　) sich mit dem Virus infiziert hat, muss für eine bestimmte Zeit isoliert bleiben.
そのウイルスに感染した人は、一定期間隔離されていないといけない。

❿ In Hannover haben wir fast alles gesehen, (　　) wir sehen wollten.
私たちは、ハノーファーで見たいと思っていたものはほぼ全て見た。

⓫ Es war sehr nett von (　　), dass du (　　) geholfen hast. Vielen Dank.
君が親切なことに私たちに力を貸してくれて、君にとても感謝しています。ありがとう。

⓬ Cholera war bis zum 19. Jahrhundert (　　) der am meisten gefürchteten Krankheiten.
コレラは、19世紀まで最も恐れられていた病気の一つでした。

⓭ Ich habe (　　) für diese Firma entschieden, weil man die Arbeitszeit flexibel wählen kann.
私がこの会社に行くことを選んだのは、勤務時間を柔軟に決められるからだ。

⓮ Ich habe meinem Vater mein Auto geliehen, weil er (　　) zur Reparatur gebracht hatte.
私は私の車を父に貸した。なぜなら彼は自分の（車）を修理に持って行ったからだ。

⓯ Gehört (　　) der Mantel? − Nein, (　　) ist nicht (　　).
そのコートは君のものですか？－いや、それは私のではありません。

⓰ Die Konferenz, an (　　) ich teilnahm, fand in Berlin statt. (　　) ging gestern erfolgreich zu Ende.
私が参加したその会議はベルリンで開催された。それは昨日、成功のうちに閉幕した。

⓱ Das Käsefondue ist (　　) der Schweizer Spezialitäten. (　　) wird in Deutschland oft zu Silvester verzehrt.
チーズフォンデュはスイスの名物料理の一つです。それは、ドイツでは、よく大晦日に食べられます。

⓲ (　　) der Schriftsteller als Hauptfigur darstellt, (　　) Modell existiert meistens in Wirklichkeit.
その作家が主人公として描く人、そのモデルとなる人はたいてい、実在する人物だ。

⓳ Wir warten nur noch auf (　　) beide. Beeilt (　　)!
僕たちが待っているのはあと君たち二人だけだよ。急いでよ。

⓴ Oliver Kahn war (　　) der besten Torwarte in der deutschen Nationalmannschaft.
オリバー・カーンはドイツナショナルチームの最も優れたキーパーの一人でした。

㉑ Haben Sie Gepäckstücke? − Nein, ich habe (　　) zum Einchecken.
お荷物はありますか？－いえ、預け荷物は一つもありません。

㉒ Ach, da ist der neueste Roman von Yoko Tawada. (　　) möchte ich gerne mal lesen.
あ、ここに多和田葉子の新しい小説があるよ。それを私は読んでみたいんだ。

㉓ Der Wiesbadener Nerotal ist (　　) der luxuriösen Wohnviertel im Rhein-Main-Gebiet.
ヴィースバーデンのネロタールは、ライン・マイン地方の高級住宅街の一つである。

㉔ Der Marathonlauf, für (　　) viele Läufer trainiert haben, wurde wegen der Pandemie abgesagt.
多くのランナーがそれに向けて練習してきたマラソン大会は、感染症のため中止になった。

㉕ Konntest du (　　) Ende 2019 vorstellen, dass (　　) die Welt in kurzer Zeit drastisch verändern sollte?
世界が短期間で劇的に変わることになるなんて、君は2019年の終わりに想像できたかい?

㉖ Ich möchte euch zum Mittagessen einladen. Gibt es etwas, (　　) ihr nicht gerne esst?
君たちを昼食に招待したいんだけど、何か君たちが好きじゃないものはある?

㉗ Kann sich dein Handy in das öffentliche WLAN einloggen? Wenn nicht, versuche ich es mit (　　).
君の携帯は公衆WiFiにログインできる?もしできないなら、僕ので試してみるけど。

㉘ (　　) man gerne hat, (　　) gegenüber zeigt man eine wohlwollende Haltung.
人々が好きだと思う人、その人に対しては好意的な態度を示すものだ。

㉙ Das Neujahrskonzert, (　　) mit dem Radetzky-Marsch abschließt, wird auch live übertragen.
ラデツキー行進曲で締めくくられるそのニューイヤーコンサートは、同時中継も行われる。

㉚ Es stimmt leider, dass (　　) die Geschichte wiederholt.
歴史は繰り返される、というのは残念ながら正しい。

㉛ Worüber freust du (　　)? －Über alles, (　　) er für mich getan hat.
君は何がそんなに嬉しいの?－彼が私にしてくれたことすべてが嬉しいの。

㉜ Die Sachertorte, die im Café Sacher angeboten wird, ist (　　) meiner Lieblingstorten.
カフェ・ザッハーで提供されるザッハートルテは、私の大好物の一つです。

㉝ Die Drehbuchautorin, von (　　) das Werk verfilmt wurde, hielt bei der Premiere eine kurze Rede.
脚本作家－彼女によりその作品は映画化された－が、公開に際して、短いスピーチをした。

㉞ Bertolt Brecht schrieb auch Erzählungen. Ich habe (　　) davon gelesen und fand (　　) interessant.
ベルトールト・ブレヒトは短編小説も書いている。私はそのいくつかを読んだが、それらを面白いと思った。

㉟ Das Wort „Bildung“ ist (　　) der deutschen Wörter, (　　) schwer in eine andere Sprache zu übersetzen sind.
ビルドゥング(教養、自己形成)という語は、他の言語に翻訳するのが困難なドイツ語の単語の一つである。

㊱ Setz (　　) auf den Stuhl, nachdem du (　　) die Hände gewaschen hast.
手を洗ったら、椅子に座ってね。

㊲ (　　) Sehkraft schwach geworden ist, (　　) fordern die Ärzte auf, seinen Führerschein zurückzugeben.
その人の視力が弱まってきた人、その人に対し医師たちは、運転免許証を返納することを求めている。

㊳ Wenn du den Fernseher nicht mehr brauchst, kannst du (　　) (　　) geben?
そのテレビがもう要らないなら、それを僕にくれない?

㊴ (　　) Hörsinn gut ist, (　　) kann meistens auch gut singen.
聴覚がすぐれている人、その人はたいてい歌も上手だ。

㊵ (　　) (　　) mit der sozialen Hilfe beschäftigt, mit (　　) möchte ich zusammenarbeiten.
社会福祉活動に従事している人、そういう人と私は一緒に仕事がしたい。

㊶ In dem Manuskript stand nichts, (　　) zu korrigieren ist.
原稿には、修正が必要なことがらは何もなかった。

㊷ Der Bus nach Halle ist fast ausgebucht. Es gibt nur noch drei freie Plätze, (　　) am Fenster und zwei am Gang.
ハレ行きのバスはほぼ満席だよ。空席は3席で、窓側に1席、通路側に2席あるだけだ。

㊸ In welche Richtung fahren wir denn? Ich kann (　　) nicht richtig orientieren.
僕たちはいったいどの方角に向かっているんだい?僕は自分の位置が正しく把握できないよ。

㊹ Wenn (　　) etwas unklar ist, dann wenden Sie (　　) bitte unverzüglich an (　　).
何かあなたにご不明の点がありましたら、すぐに私どもにご連絡ください。

㊺ Sie sahen nicht so ganz zufrieden mit der Party aus. Es muss bestimmt etwas gegeben haben, (　　) (　　) nicht gefiel.
彼らはパーティーにすっかり満足したようには見えなかった。きっと何か、彼らの気に入らないことがあったに違いない。

㊻ Da ist der Dieb, (　　) (　　) die Tasche geraubt hat!
あそこにいるのが、私からかばんを奪ったスリよ。

㊼ Im Unterricht habe ich zwei Teilnehmer kennengelernt. (　　) ist Französin aus Lyon und (　　) ist Schwede aus Stockholm.
授業で私は2人の参加者と知り合った。1人はリヨン出身のフランス人女性で、1人はストックホルム出身のスウェーデン人だ。

㊽ Aus Versehen habe ich zwei Packungen mit Masken bestellt. Wenn ihr möchtet, dann gebe ich (　　) (　　) davon.
間違えてマスクのセットを2パック注文してしまったんだ。ほしいなら、君たちにその一つをあげるよ。

㊾ Das Matterhorn ist (　　) der Berge, (　　) ich unbedingt einmal besteigen will.
マッターホルンは、私が何としても一度登頂してみたいと思っている山の一つだ。

㊿ Ich teile (　　) die Links zu den Webseiten mit, (　　) man vertrauen kann.
私はあなた方に、信頼できるウェブサイトへのリンクをお伝えします。

解答

第1課　定冠詞と格変化

レベル1

❶das, Das　❷das　❸den
❹das　❺die　❻den　❼die
❽die　❾der　❿die　⓫der
⓬Die　⓭den

レベル2

❶Der, des　❷das, der
❸Die, der　❹den, des
❺Die, des　❻Der, das
❼Dem, das　❽Der, die
❾Den, die　❿das, des
⓫Die, den, den
⓬Der, die, der　⓭Die, der, die
⓮Die, des, der

レベル3

❶der, e　❷Die, der, e　❸der, e
❹die, das, e, e　❺die, e
❻das, e　❼des, en　❽der, e
❾der, en　❿Die, e　⓫die, e
⓬die, e, der　⓭die, e, der, en

第2課　不定冠詞と格変化

レベル1

❶eine　❷einen　❸eine　❹ein
❺Eine　❻einen　❼einer
❽eine　❾einen　❿eine　⓫ein
⓬einen

レベル2

❶ein, eine　❷eines　❸einen
❹einen　❺einen　❻einer
❼einer　❽einem　❾einem
❿einer　⓫einem　⓬ein
⓭einer　⓮einem

レベル3

❶eine, e, einen, en
❷eines, en　❸einer, en
❹eine, e　❺einen, en　❻eine, e
❼Ein, er　❽Ein, es　❾eine, e
❿eine, e　⓫ein, es
⓬eine, e　⓭einen, en
⓮eine, e

第3課　定冠詞か不定冠詞か

レベル1

❶a　❷d　❸a　❹b, c　❺a
❻d　❼a　❽c　❾b

レベル2

❶einen　❷dem　❸ein　❹die
❺ein　❻ein　❼der　❽Die
❾ein (eine)　❿das　⓫ein
⓬den　⓭eine, den

レベル3

❶ein, er　❷Das, e　❸die, en
❹der, en, eine, e
❺des, en, ein, er　❻des, en
❼der, en　❽dem, en　❾dem, en
❿des, en　⓫die, e
⓬das, e (die, en)　⓭ein, es

第4課　2格の用法

レベル1

❶der　❷der　❸des　❹der
❺der　❻der, der, des　❼des
❽der　❾der　❿des　⓫der
⓬der

レベル2

❶des Cafés　❷des Glückes
❸meines Freundes　❹Christians

❺Japans　❻meiner Schwester
❼Hillarys　❽des Schriftstellers
❾eines Tages　❿des Studenten
⓫des Publikums
⓬Meines Wissens

レベル3

❶des erkrankten Ministers
❷der abgesagten Ausstellung
❸letzten Endes
❹der genaueren Daten
❺ihres jüngeren Bruders
❻der strengeren Corona-Auflagen
❼eines neuen Einkaufszentrums
❽Ihres netten Vorschlags
❾eines defekten Fahrzeugs
❿der noch nicht vorhersehbaren Pandemielage
⓫schlechter Laune

第5課　3格の用法

レベル1

❶dir, mir　❷euch
❸seinem Chef
❹deiner Freundin
❺ihrem Enkel　❻der Medizin
❼deinen Eltern
❽der Gastronomiebranche
❾einem Touristen
❿Ihnen, dieser Hose
⓫ihm　⓬den Flüchtlingen
⓭vielen Bürgern
⓮Ihrem Kollegen

レベル2

❶ihrem Alter
❷meinem Erstauen, dem Fahrrad
❸der Eröffnung
❹der Mittagspause
❺der Arztpraxis
❻einem jungen Architekten
❼der Nordsee, vielen Urlaubern
❽unserem Produkt
❾dem zweiten und dem dritten Akt　❿der Exkursion
⓫uns　⓬der zweiten Etage, dem Fahrstuhl

レベル3

❶der Überflutung　❷der Miene
❸mir　❹dem Fahrer
❺dem Gegner　❻dem Stress
❼ihrer eigenen Erfahrung
❽seiner Sicht　❾seinem Vater
❿der Ermittlung　⓫ihm
⓬ihrem Zweck

第6課　4格の用法

レベル1

❶den　❷das　❸einen, eine
❹mein　❺einen　❻die, sie
❼das　❽ein　❾den
❿den　⓫die　⓬den
⓭das

レベル2

❶Dieses　❷Nächsten　❸den
❹eine　❺ganze　❻Letztes
❼Diese　❽einen　❾einen
❿jede　⓫nächstes　⓬Dieses

レベル3
❶die ❷meine ❸die ❹die
❺mich ❻uns ❼die
❽das, Die ❾ein ❿euch
⓫einen ⓬alle ⓭die ⓮die

第7課　定冠詞と前置詞の融合形

レベル1
❶zur ❷Im ❸zum ❹Im
❺aufs ❻fürs ❼im
❽am, ins ❾am, ans ❿zum
⓫zur

レベル2
❶der ❷der ❸der ❹die
❺die ❻die (den) ❼die
❽das ❾der ❿die ⓫die
⓬das

レベル3
❶Beim, im ❷aufs ❸zur
❹aufs ❺am ❻zum, ins
❼vom ❽im ❾beim, aufs
❿zum

第8課　前置詞の格支配

レベル1
❶der ❷dem, der ❸dem
❹des, das ❺den ❻das
❼der ❽der ❾den ❿des
⓫der ⓬dem ⓭das ⓮die

レベル2
❶dem ❷die, die ❸der
❹dem ❺das ❻dem, dem
❼die ❽den ❾der ❿der
⓫den ⓬der ⓭den

レベル3
❶von, auf, der
❷In, der, über, das
❸Nach, dem, auf, die, gegen, den ❹in, den ❺über, die
❻in, die, durch, die
❼Neben, der ❽mit, den, in, die
❾Trotz, der, an, der
❿durch, die ⓫Vor, dem

第9課　動詞の格支配

レベル1
❶dem ❷den ❸das, das
❹dem ❺den ❻die ❼das
❽Der ❾die ❿das, die
⓫die ⓬dem ⓭den

レベル2
❶mir ❷uns ❸dir ❹Ihnen
❺euch ❻Mir ❼mich ❽dir
❾ihr ❿mich, ihm ⓫sie, ihnen
⓬euch, mir ⓭uns, Sie

レベル3
❶einen ❷die ❸einen ❹eine
❺die, einen ❻ein ❼die
❽eine ❾das ❿das ⓫die
⓬eine

第10課　定冠詞類の格変化

レベル1
❶aller ❷jedes ❸Dieser, alle
❹mancher ❺welcher ❻jeder
❼diese ❽alle ❾solchen
❿Welchen ⓫jenen ⓬manche

レベル2
❶jener ❷manche

❸Welches, Dieses
❹welche, welchem ❺manchen
❻aller ❼welchem ❽Diese
❾dieses ❿Alle
⓫Welche, diesem ⓬Jeden

レベル3

❶Welches, Dieses, e
❷Solche, e ❸jene, e
❹jeder, e ❺alle, en
❻jedem, en ❼jener, en
❽dieses, e ❾alles, e
❿Welche, en ⓫jenes, en

第11課　否定冠詞の格変化

レベル1

❶keine ❷keinen, keinen
❸keine ❹keine ❺keine
❻keinen ❼kein
❽keine ❾keine ❿kein
⓫kein ⓬keinen ⓭kein

レベル2

❶nicht ❷kein ❸nicht
❹keinen ❺kein ❻nicht
❼keine ❽kein
❾nicht ❿keine ⓫keinen
⓬nicht ⓭kein ⓮keinen

レベル3

❶Kein, er ❷keinen, en
❸keine, e ❹kein, es
❺keine, en ❻keine, en
❼keinen, en ❽keine, e
❾keine, en ❿keinen, en
⓫keine, en ⓬kein, es
⓭keinen, en

第12課　所有冠詞の格変化

レベル1

❶Meine ❷meinen ❸meine
❹meines ❺mein ❻meinem
❼Meines ❽meiner ❾mein
❿meiner ⓫meine ⓬meine
⓭mein ⓮mein

レベル2

❶ihr, ihre ❷Uns(e)re ❸eurer
❹ihren, ihr ❺seine ❻deine
❼ihre ❽Ihr ❾Ihren, Ihre, Ihre
❿Ihre ⓫Ihr, meines ⓬eurer
⓭seiner

レベル3

❶seiner, en ❷meinen, en
❸seines, en ❹mein, es
❺ihren, en ❻Ihre, e ❼euer, er
❽deine, e ❾unser, es
❿meiner, en
⓫seinem, en ⓬ihr, es

第13課　不定代名詞の格変化

レベル1

❶eine ❷einer ❸ein(e)s
❹einer ❺eine ❻eine
❼ein(e)s ❽einer

レベル2

❶welchen ❷welche ❸
welchen
❹welche ❺welche ❻welche
❼welches ❽welche ❾welche
❿welche ⓫welche ⓬welche

レベル3

❶einen ❷welche ❸einem

❹eine ❺einen ❻einer
❼einer ❽einem ❾einer
❿ein(e)s ⓫einer

第14課 所有代名詞の格変化

レベル1

❶ihre ❷Meiner (Mein(e)s)
❸meiner ❹Sein(e)s ❺seine
❻ihres ❼seiner, meiner
❽Ihre ❾eu(e)rer
❿mein(e)s ⓫uns(e)res

レベル2

❶mein(e)s ❷deine ❸deinen
❹ihres ❺mein(e)s ❻ihre
❼dein(e)s ❽seine ❾meinem
❿deiner ⓫deiner, Meiner
⓬seine ⓭deiner ⓮meinen
⓯mein(e)s ⓰Ihrer ⓱deinen
⓲Ihrem ⓳mein(e)s ⓴seinem
㉑seine ㉒ihre ㉓ihres
㉔dein(e)s

第15課 定関係代名詞の格変化

レベル1

❶die ❷der ❸die ❹das
❺der ❻die ❼die ❽die
❾der ❿die ⓫das ⓬der

レベル2

❶denen ❷das ❸die
❹denen ❺deren ❻dem
❼dem ❽denen ❾dem
❿die ⓫dessen ⓬der ⓭dem
⓮dem

レベル3

❶den ❷das ❸dessen

❹die ❺den ❻die ❼die
❽denen ❾den ❿die
⓫die ⓬der ⓭das ⓮dem

第16課 指示代名詞の格変化

レベル1

❶Die ❷Der ❸das
❹Den, Der ❺Dessen ❻die
❼deren ❽Den ❾deren
❿Das ⓫die ⓬das ⓭Der
⓮den ⓯Das ⓰die ⓱die
⓲Der ⓳dessen

レベル2

❶deren (denen) ❷dem ❸den
❹dem ❺den ❻denen
❼der ❽der ❾die ❿den
⓫dem ⓬dem ⓭dem
⓮die ⓯die ⓰die ⓱dessen
⓲die ⓳der

第17課 人称代名詞の格変化

レベル1

❶Sie ❷Sie ❸dich ❹du, Er
❺Sie, es ❻ihr, uns ❼sie
❽Ich ❾ihr, euch ❿Sie
⓫Sie ⓬ihn
⓭Sie, ihm (Ihm, sie)

レベル2

❶dir, mir ❷mir ❸sie ❹ihn
❺dir, ich ❻du, Sie, dir ❼dich
❽ihnen ❾mir, sie
❿Ihnen, er, mir ⓫ihr ⓬sie, ihn
⓭es, mir

レベル3

❶sie ❷ihm ❸ihn ❹ihnen

❺sie　❻es, Ihnen　❼es, ihr
❽sie, Ihnen　❾ihn, Ihnen
❿es, dir　⓫ihn, ihr
⓬es, ihnen　⓭es, ihm

第18課　再帰代名詞の格変化

レベル1

❶sich　❷uns　❸euch
❹sich　❺sich　❻sich　❼sich
❽sich　❾sich　❿uns　⓫sich
⓬sich　⓭mich　⓮uns

レベル2

❶sich　❷mich　❸mich　❹dir
❺mir　❻euch　❼dir
❽mir　❾mir　❿mich
⓫uns　⓬uns　⓭mich　⓮uns

レベル3

❶dich　❷sich　❸euch　❹dich
❺dir　❻euch　❼dir　❽euch
❾euch　❿sich　⓫dich, dich
⓬dich

第19課　疑問詞werの格変化

レベル1

❶Wer　❷Wessen　❸Wen
❹Wer　❺Wem　❻Wer　❼Wen
❽Wem　❾Wen　❿Wer
⓫wer　⓬wessen　⓭Wen

レベル2

❶Wem　❷Wen　❸Wem
❹Wessen　❺wem　❻wen
❼Wen　❽Wen　❾Wen
❿wer　⓫Wen　⓬Wem
⓭Wem

レベル3

❶Von wem　❷An wen
❸mit wem　❹Auf wessen
❺Mit wem　❻Von wem
❼Um wen　❽Bei wem
❾Für wen　❿Bei wem
⓫An wen　⓬Auf wen
⓭Über wen　⓮Von wem

第20課　不定関係代名詞werの格変化

レベル1

❶Wer　❷Wen　❸Wessen
❹Wem　❺Wessen　❻Wer
❼Wessen　❽Wem　❾Wem
❿Wem　⓫Wen　⓬Wessen
⓭Wem　⓮Wen

レベル2

❶Wer　❷Wem, dem
❸Wen, der　❹Wer, der
❺Wer, dem　❻Wer, der
❼Wem, den　❽Wem, der
❾Wen, der　❿Wem, der
⓫Wer, den　⓬Wem, der
⓭Wen, den　⓮Wer
⓯Wer, dem　⓰Wem, der
⓱Wer, der　⓲Wem, der
⓳Wessen, der　⓴Wen, der
㉑Wer, dem　㉒Wen, den
㉓Wem, den　㉔Wessen, der
㉕Wer, dem　㉖Wen, der
㉗Wen, der　㉘Wessen, der

第21課　形容詞の語尾変化①強変化

レベル1

❶en　❷es　❸e　❹e, e　❺e

❻en　❼er　❽e　❾e　❿es
⓫er　⓬er, e, e

レベル2

❶en　❷en　❸en, e　❹er, e
❺em　❻e　❼er, e　❽en
❾er, e　❿en, es　⓫em　⓬er

レベル3

❶er　❷e, e, es　❸er　❹en
❺es, e　❻en, e　❼en　❽en, en
❾er　❿em　⓫es　⓬er

第22課　形容詞の語尾変化②弱変化

レベル1

❶e　❷e, e　❸e　❹en, e　❺e
❻e　❼en　❽en　❾en　❿en
⓫e　⓬en

レベル2

❶dem, en, des, en　❷des, en
❸des, en　❹der, en　❺die, e
❻der, en　❼der, en　❽den, en
❾der, en　❿der, en, des, en
⓫der, en

レベル3

❶dieser, en　❷welchen, en
❸jene, e　❹jede, e　❺alle, en
❻dieser, e　❼welche, en
❽jede, e　❾jede, e
❿diesem, en
⓫jene, e　⓬Welches, e

第23課　形容詞の語尾変化③混合変化

レベル1

❶es　❷e　❸er　❹e　❺en
❻en　❼en　❽en　❾en
❿er　⓫en　⓬er

レベル2

❶keinen, en, einen, en
❷einer, en　❸ein, es　❹mein, er
❺ein, es　❻ein, es　❼eine, e
❽einen, en　❾einer, en, ein, es
❿keine, en　⓫eines, en

レベル3

❶meine, en　❷Ihre, e
❸ihrem, en, einen, en
❹seinen, en　❺Ihre, e　❻ihre, e
❼deine, en　❽unser, es, es
❾seine, e　❿euer, es
⓫seiner, en　⓬Ihren, en

第24課　形容詞の語尾変化④形容詞の名詞化

レベル1

❶Abgeordnete
❷Abgeordneten
❸Abgeordnete
❹Abgeordneter
❺Abgeordneten
❻Abgeordneter
❼Abgeordneten
❽Abgeordnete, Abgeordneter
❾Abgeordnete
❿Abgeordnete

レベル2

❶Schönes　❷Arbeitslosen
❸Verwandte　❹Kleiner
❺Richtige, Falschen
❻Angestellter　❼Seltsames
❽Drogensüchtige
❾Wichtigste　❿Unbekannter

⓫Alten　⓬Lustiges

レベル3

❶Studierende　❷Geimpften

❸Pensionierter　❹Reisende

❺Angeklagten　❻Behinderte

❼Überlebenden　❽Vermissten

❾Befragten　❿Lernende

⓫Vorgesetzter　⓬Neugeborene

第25課　男性弱変化名詞

レベル1

❶Patienten　❷Namen

❸Spezialist　❹Präsidenten

❺Jungen, Polizist

❻Psychologen

❼Juristen, Praktikanten

❽Zoologen

❾Tourist, Studenten

❿Satelliten　⓫Neffen

⓬Herzen

レベル2

❶des Menschen

❷des Philosophen, seines Assistenten

❸des Geldautomaten

❹der Soldaten

❺seines Herzens

❻des Terroristen

❼des Finnen

❽einem Soziologen

❾des Athleten

❿seinem Nachnamen, Däne

⓫einen Piloten

レベル3

❶dem, en, Archäologen

❷den, en, Nachbarn

❸einen, en, Doktoranden

❹dem, en, Choreografen

❺einem, en, Architekten

❻des, en, Fotografen

❼die, en, Politologen

❽des, en, Japanologen

❾dem, en, Diplomaten

❿den, en, Paragrafen

⓫dem, en, Dirigenten

⓬meinem, en, Kollegen

第26課
定冠詞か不定冠詞か、それとも無冠詞か

レベル1

❶die, Die　❷einem, der

❸einen　❹einen　❺der　❻die

❼Der, der

❽des, eine, dem, eine

❾Die, dem, eine　❿einer　⓫ein

⓬Die, das　⓭einen

レベル2

❶×　❷×, ×　❸×, Eine

❹×　❺×, dem, das

❻dem, der, ein, ×, der, des

❼die, des, einer, ×　❽den, ein

❾Die, die　❿×, ×, der

⓫×, einem　⓬×　⓭der, die

⓮×, ×　⓯×, Das, die (×)

⓰dem, einen, die　⓱der, die, ×

⓲das, der, ein, der

⓳der, der, der

⓴×, die, der, den

㉑die, der　㉒das, dem　㉓einen

㉔das, das　㉕das, ×

第27課　単数と複数

レベル1

❶Die Kinder　❷die Bilder

❸Die Taschen　❹der Bücher

❺meinen Freunden

❻seinen Schwestern

❼die Männer　❽Die Restaurants

❾keine Plätze　❿meine Söhne

⓫die Türen　⓬Die Züge

⓭Die Hotelzimmer, den Gästen

レベル2

❶Die Bücher der Autoren verkaufen sich gut.

❷Die Wohnungen werden bald renoviert.

❸Die Lehrer unterrichten die Schüler.

❹Diese Uhren werden von den Uhrmachern repariert.

❺Welche Länder möchtet ihr besuchen?

❻Die Autos hier gehören uns.

❼Die Männer kaufen die Anzüge und die Hemden.

❽Die Schüler wurden von den Lehrern gelobt.

レベル3

❶Deutsche Künstler haben die Preise gewonnen.

❷Die spanischen Gerichte schmeckten den Japanern sehr.

❸Die Experten haben fatale Fehler gemacht.

❹Die japanischen Reisegruppen besuchen heute die alten Schlösser.

❺Passagiere haben Damen beim Aussteigen geholfen.

❻Gäste kommen noch. Wir brauchen noch Stühle.

❼Auf den Hügeln stehen elegante Ferienhäuser.

第28課　冠飾句

レベル1

❶anfangs erwähnte

❷von beiden Staaten vereinbarte

❸künstlich gemachten

❹ständig weinendes

❺bunt gemalten

❻schnell fahrenden

❼seit zwei Tagen andauernden

❽frisch gepressten

❾durch den Luftangriff stark beschädigte

❿von diesem Schriftsteller vor kurzem veröffentlichte

レベル2

❶Den in dieser Gegend erzeugten Rotwein trinken wir gerne.

❷Erik gibt dem in der U-Bahn Geige spielenden Mann ab und zu ein paar kleine Münzen.

❸Max schenkte seiner Freundin eine in Deutschland schwer zu erwerbende Halskette.

❹Die Bildqualität der von meinem iPhone aufgenommenen Fotos ist nicht schlecht.
❺Die von dem Essenskurier gelieferte Pizza schmeckte leider nicht so gut.
❻Die Neunte Symphonie Beethovens zu spielen ist ein in Japan zu Jahresende vielerorts zu beobachtendes Phänomen.
❼Die durch den Krieg zerstörte Frauenkirche wurde 2005 komplett wiederaufgebaut.
❽Seid ruhig, damit das eben eingeschlafene Baby nicht wieder wach wird.
❾Gegen die weiter steigenden Energiepreise kann die Regierung keine effizienten Maßnahmen treffen.
❿In der von den Fußballfans überfüllten U-Bahn war es sehr laut und chaotisch.
⓫Die vor 20 Jahren aus der Türkei immigrierte Familie findet das Leben in Deutschland bequem.
⓬Das gestern im Parlament einstimmig verabschiedete Gesetz tritt im nächsten Jahr in Kraft.
⓭Auf seinem Heimweg begegnete er vor der Marienkirche einem zitternd weinenden Mädchen.
⓮Wegen des Unwetters mussten wir den am Sonntag geplanten Ausflug ausfallen lassen.
⓯Nach seinem von einem Stipendium geförderten Jurastudium wurde er Staatsanwalt.
⓰Für die Umwelt sollten die den Stromverbrauch deutlich reduzierenden LED-Lampen mehr eingesetzt werden.
⓱Der neue Außenminister ist mit vielen sofort zu lösenden Aufgaben konfrontiert.

第29課　受動態

レベル1

❶Die, dem　❷Die, den
❸Der, der　❹Die, den
❺die, die　❻Der, dem
❼Der, der　❽Die, das
❾Der, das　❿Das, dem
⓫Die, der　⓬Die, dem

レベル2

❶Mein Koffer wird von dem Gepäckträger ins Zimmer gebracht.
❷Die Liebesaffäre des Schauspielers ist von dem Youtuber entlarvt worden.
❸Unsere materiellen sowie geistigen Schöpfungen werden durch das Urheberrecht geschützt.

❹Der Professor wurde von der Ministerin zum Chef des Untersuchungskomitees ernannt.
❺Der Politiker wird wegen seines arroganten Benehmens von vielen Wählern kritisiert.
❻Die Fahrtdauer nach München wird durch die neue ICE-Strecke um 30 Minuten verkürzt.
❼Sein Masterstudium in den USA wurde durch das Stipendium ermöglicht.
❽Das neue Staatsoberhaupt wird durch die Stichwahl am nächsten Sonntag entschieden.
❾Der Verletzte ist von den Sanitätern ins Krankenhaus gebracht worden.
❿Die Reiseagentur kann auch durch den zusätzlichen Kredit der Bank nur vorläufig gerettet werden.
⓫Das Schloss Neuschwanstein wird von vielen Japanern besucht.
⓬Der schicke Hut ist von der Designerin entworfen worden.
⓭Das Unterrichtsmaterial ist von dem Assistenten des Professors auf die Webseite hochgeladen worden.
⓮Das Bargeld muss von den Wächtern sorgfältig transportiert werden.

第30課　総合問題①冠詞編

❶den　❷keine　❸die　❹der
❺ein　❻das　❼Ihre　❽eine, die
❾Die, einer　❿eines, die
⓫der, eine　⓬die, unsere, ein
⓭eine, eine　⓮Das, der
⓯ein　⓰sein, ein, einer
⓱Den, der　⓲eine
⓳unseren, das　⓴die, ein, eine
㉑der　㉒Der, der, einen
㉓keine　㉔des, keinen
㉕einen　㉖meinem, mein
㉗Die, unserem
㉘meinem, die　㉙dem
㉚die, das　㉛das, der, der, das
㉜der, das, des
㉝ein, der (dieser), seine
㉞die, mein　㉟die, ein, keine
㊱die, der　㊲der, ein, Das
㊳Die, der, der　㊴Die, eine (die)
㊵Der, der, der　㊶seine, kein
㊷einer, eine　㊸seine
㊹der, des, einen, einen
㊺ihren, einer　㊻dem, der
㊼diesen (den), die, dieser
㊽der, ein　㊾Der, keine
㊿den, der　(51)Der
(52)Jedes, seine
(53)der, seines, ein　(54)der, die

総合問題②格変化編

❶Wer　❷was, dich　❸sich
❹ein(e)s, die　❺mich　❻uns
❼es, Ihnen　❽ein(e)s　❾Wer

⑩was ⑪dir, uns ⑫eine
⑬mich ⑭sein(e)s
⑮dir, der, meiner ⑯der, Die
⑰eine, Das ⑱Wen, dessen
⑲euch, euch ⑳einer
㉑kein(e)s ㉒Den ㉓ein(e)s
㉔den ㉕dir, sich ㉖was
㉗meinem ㉘Wen, dem
㉙das ㉚sich ㉛dich, was
㉜eine ㉝der ㉞welche, sie
㉟ein(e)s, die ㊱dich, dir
㊲Wessen, den ㊳ihn, mir
㊴Wessen, der
㊵Wer, sich, dem ㊶was
㊷einen ㊸mich
㊹Ihnen, sich, uns
㊺was, ihnen ㊻der, mir
㊼Eine, einer ㊽euch, eine
㊾einer, die ㊿Ihnen, denen

■著者プロフィール

辻 朋季（つじ・ともき）

明治大学農学部准教授。慶應義塾大学文学部卒、筑波大学人文社会科学研究科博士後期課程修了、博士（文学）。在フランクフルト日本総領事館に 2 年間勤務、ベルリン自由大学に計 3 年間留学するなど、ドイツ滞在経験が豊富。ドイツ語学習で苦しんだ経験をもとに、外国語が苦手な学習者の視点に立った授業を心がけている。著書に『もやもやを解消！　ドイツ語文法ドリル』（三修社）ほかがある。

■ドイツ語校閲

Markus Grasmück

ドイツ語《ご》「冠詞《かんし》」「格変化《かくへんか》」の強化書《きょうかしょ》

2023 年 2 月20 日　第 1 刷発行
2024 年10月20 日　第 3 刷発行

著　　者　辻　朋季
発 行 者　前田俊秀
発 行 所　株式会社 三修社
〒150-0001　東京都渋谷区神宮前 2-2-22
TEL 03-3405-4511　FAX 03-3405-4522
https://www.sanshusha.co.jp
振替 00190-9-72758
編集担当　伊吹和真
印刷・製本　壮光舎印刷株式会社

ISBN978-4-384-06054-6 C1084

本文デザイン：スペースワイ
カバーデザイン：こまゐ図案室